Experiencing Chinese
Intermediate Course II

体验 汉语
中级教程 2

Tiyan Hanyu Zhongji Jiaocheng

主　编　姜丽萍
编　者　刘丽萍　高　晨

高等教育出版社·北京

图书在版编目（CIP）数据

体验汉语中级教程.2／姜丽萍主编；刘丽萍，高晨编．－－北京：高等教育出版社，2013.11（2018.8重印）
ISBN 978-7-04-038438-3

Ⅰ．①体… Ⅱ．①姜… ②刘… ③高… Ⅲ．①汉语－对外汉语教学－教材 Ⅳ．①H195.4

中国版本图书馆CIP数据核字（2013）第215698号

策划编辑	梁　宇	责任编辑	王　群	封面设计	彩奇风	版式设计	刘　艳
插图选配	吴剑菁	责任校对	王　群	责任印制	尤　静		

出版发行	高等教育出版社	咨询电话	400-810-0598
社　　址	北京市西城区德外大街4号	网　　址	http://www.morefunchinese.com
邮政编码	100120		http://www.hep.com.cn
印　　刷	北京佳信达欣艺术印刷有限公司	网上订购	http://www.hepmall.com
开　　本	889mm×1194mm 1/16		http://www.hepmall.com.cn
印　　张	14.5		http://www.hepmall.cn
字　　数	349千字	版　　次	2013年11月第1版
购书热线	010-58581118	印　　次	2018年8月第5次印刷

本书如有缺页、倒页、脱页等质量问题，请到所购图书销售部门联系调换
版权所有　侵权必究
物料号　38438-01

ISBN 978-7-04-038438-3
定价　66元

前　言

《体验汉语中级教程》（1、2）是与《体验汉语基础教程》（1、2）和《体验汉语高级教程》（1、2）相衔接又分属不同教学阶段的教材，本教程定位于"中级"，旨在扩大学生词汇量、提高学生口头及书面语表达能力，进而提高学生的汉语语言综合运用能力。

一、编写理念

本教程强调任务型教学理念，任务贯穿整个教学过程。主张让学生在完成任务中学习、掌握语言知识和技能，提高语言交际能力和语言综合运用能力。

《体验汉语中级教程2》为中级的第2册，共12个单元。每单元都以一个大任务主题统摄2个分任务，分置于两课中，分任务之间形成显性任务链，所有课文都为完成相关任务而进行编写，内容与现实生活紧密相关，层层深入。每课的任务中，又分为针对课文的任务和扩展型任务，难度上有梯度，螺旋式上升。在编写中，注重将语言规范性的学习内容融入具体的任务当中，兼顾听说读写四项语言技能的综合训练，但在每课中又各有不同的侧重点。

二、内容框架

根根据以上理念，本教程每个单元的框架结构具体如下：

1. **任务介绍**：引出话题，介绍本单元要完成的主要任务内容。
2. **第1课**：以口语表达为主，注重听说交际能力的培养，分为热身活动、课文（以对话为主）、生词、语言点讲练和口语活动。
3. **第2课**：以读说为主，分为热身活动、课文（以短文为主）、生词、语言点讲练和口语活动。
4. **综合练习**：（在单独设计的配套《体验汉语中级教程练习册2》中）分为语言结构、技能训练、任务扩展等。

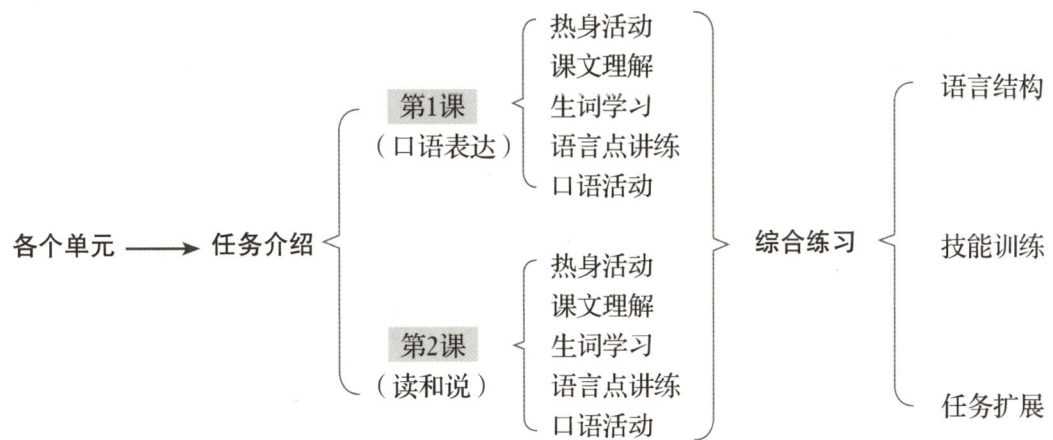

三、主要特点

1. 注重综合训练

本教程以听说读写四项基本技能训练为基础，注重单一的技能训练，更注重两三项技能相结合的综合训练。每课课文后都有直接针对某项技能的规范性练习。每个单元的两课在各项技能训练上各有侧重：第1课以口语表达为主，注重日常口语的训练；第2课以读说为主，展示规范准确的现代文文本并进行规范准确的口头表达。而《体验汉语中级教程练习册2》则更注重听说读写综合能力的训练。

2. 重视中国文化的融入

中国文化方面的内容并非介绍讲解性的，而是嵌入式的。将文化内容作为完成任务的语言素材或背景知识，在完成任务的过程中将可输入的相关文化内容融入其中。

3. 体现语言素材的真实性、自然性和实用性

在内容上，本教程所选取的语言素材让学生能有身临其境之感，是学生现实生活中可感可触的内容，如文学作品、网络博文、生活见闻等。另一方面，在具体语句选取上，包括例句、练习题都是尽量从现代汉语语料库中选取的真实语料，只根据教学需要作适度修改，以保证原汁原味。

4. 重视词汇的比较和扩展

针对中级汉语教学在词汇量上的需求，一方面针对本课所学词汇作辨析和情境练习，另一方面针对本单元主题进行词汇扩展，使学生的词汇量在横向和纵向上得到强化和深化。同时注重常用表达式的学习，以提高学生成段表达的能力。

5. 分散难点，渐进深入

本教程打破以往中级教材编写时课文过长、过难，生词过于集中的弊端，采取分散难点的做法，同样是一个单元要掌握50多个生词，我们把这50多个生词分散到教材一个单元中的两课中，以及《体验汉语中级教程练习册2》的听力和泛读文章中，而这些部分有一个核心话题统领，使生词具有主题相对集中的特点，便于学生在语境中理解、掌握和运用。这种编排方法能引导学生低端进入、高端产出，使学生具有成就感。

6. 教师好教、学生好学、教学好用

对教师来说，可按照教材呈现的顺序，直接进行教学，这种编教思路希望能给年轻教师提供一种任务型的教学思路和教学流程，也希望能为有经验的老教师提供一些教学参考，更加丰富他们的教学方法。

对学生来说，本书的目的首先是引起学习兴趣，通过任务介绍和热身活动提高学生的学习热情和对话题的关注，然后通过精心设计的各个环节帮助学生理解，引导实现"做中学"，通过一系列任务的完成达到培养语言综合运用能力的目的。

对教学来说，本教程提供了大量听说读写各种技能训练内容，有利于教师备课和上课。在内容层级上，既有用于课堂讲解和训练的例句和练习，也有用于课下经过思考才能完成的综合练习，方便教学。

7. 版式设计新颖、独特

本教程的版式设计淡雅简洁，图文并茂，选配了大量图片，使内容更具真实性、趣味性和情境性。

特别感谢高等教育出版社的编辑们，她们在教材的策划、编写过程中提出了一些富有建设性的建议，更感谢她们的忘我工作热情和认真负责的态度，使得本教程能够保质保量地出版面世。

本书付梓之前虽曾经过主编和各位编者多次打磨，但疏漏之处在所难免。我们衷心地希望使用本书的教师和学生，能够无保留地把自己的使用情况反馈给我们，更希望听到批评和建议。主编邮箱：lp360@163.com。

姜丽萍
2013年8月

Preface

Experiencing Chinese · Intermediate Course (1 & 2) dovetails with *Experiencing Chinese · Basic Course (1 & 2)* and *Experiencing Chinese · Advanced Course (1 & 2)*, belonging to the intermediate level in the series. The purpose of the textbooks is to increase university students' vocabulary, to improve their ability to express themselves orally and on paper, thus to improve their ability in comprehensive Chinese application.

I. Concept

This series places emphasis on a task-based teaching philosophy, with tasks provided throughout the teaching process. It advocates allowing students to learn and grasp the knowledge and skills of the language through the completion of assignments, and to improve their communication and comprehensive language abilities.

Experiencing Chinese · Intermediate Course 2 serves as the first volume of the intermediate level, and includes 12 units. Each unit consists of one main topic, which unifies 2 sub-topics, divided into 2 lessons. An explicit task-chain is formed within each sub-topic, and each text is compiled to provide students with topic-related tasks to complete, with the topics closely and deeply related to real life. The tasks in each lesson are divided into two types, those based on a text, and those given in extension, and their difficulty is on a gradient, forming a spiral pattern. In writing the study content, importance has been attached to the harmonization of language standards with specific tasks, and the comprehensive training of the four language skills: listening, speaking, reading, and writing has also been taken into account, while the emphasis on each skill differs from lesson to lesson.

II. Framework

Based on the concept above, the specific framework of each unit is listed below:

1. **Task Introduction:** Leading to the topic, it introduces the content of the main task to be completed in each unit.
2. **Lesson One:** Giving priority to oral expression, it is divided into warm-up, coversations, vocabulary, language points and speaking activities.
3. **Lesson Two:** Giving priority to reading and speaking, it is divided into warm-up, text, vocabulary, language points and speaking activities.
4. **Comprehensive Exercises:** (found in the individually designed supporting *Experiencing Chinese · Intermediate Course Workbook 2*) It includes Language Forms, Skills and Extensive Tasks.

Preface

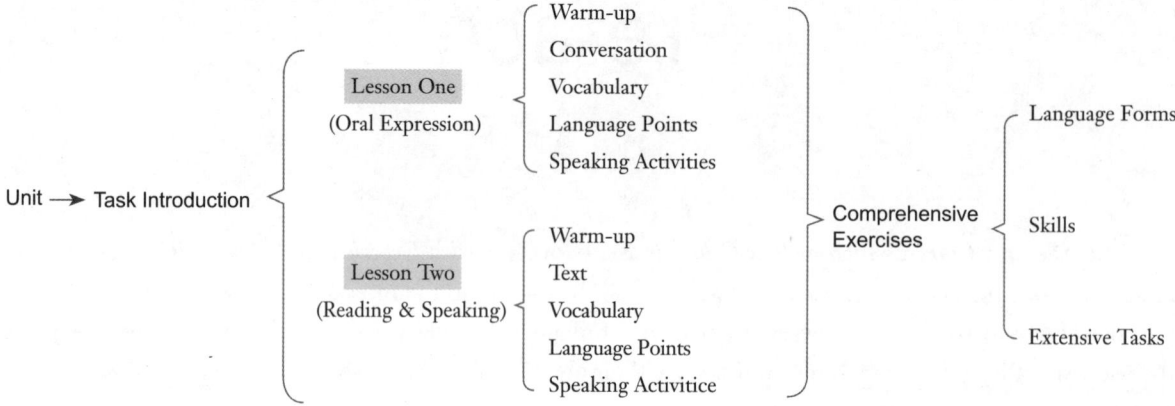

III. Key Features

1. **Focus on comprehensive training**

   The comprehesive training of four basic skills — listening, speaking, reading and writing — forms the basis of this textbook, with importance placed on both the training of each individual skill, and the training of two or three combined skills. Following the texts in each lesson are standardized exercises directly aimed at a specific skill. The 2 lessons in every unit have their own focus on particular skills: Lesson One gives priority to oral expression, attaching importance to the practice of everyday spoken language; Lesson Two gives priority to reading and speaking, displaying a standardized and accurate modern text and proceeding to proper and accurate oral expression. In addition, *Experiencing Chinese · Intermediate Course Workbook 2* puts more stress on the comprehensive abilities of listening, speaking, reading and writing.

2. **Emphasis on integrating Chinese culture**

   The relationship of the content to Chinese culture is not explained by introduction, but is embedded. Related cultural content, which are used as language materials or background knowledge, is integrated into the process of completing the tasks.

3. **Authentic, natural and practical language materials**

   With regard to content, the selected language materials of this textbook allow students to have a feeling of being immersed. It is tangible to the students' real lives, such as literary works, blogs and life experiences. From another aspect, specific language including example sentences and exercises are selected from a database of authentic modern Chinese language, and has only been modified to be in line with teaching needs to ensure authenticity.

4. **Emphasis on the comparison and expansion of vocabulary**

   With the needs of intermediate Chinese vocabulary teaching, on one hand, the lessons are aimed at differentiation and situational exercises, and on the other hand, the units are aimed at the expansion of vocabulary on particular topics, intensifying and deepening learners' vocabulary horizontally and vertically. Meanwhile, it emphasizes on the study of commonly used expressions in order to improve the learners' expressing capabilities in paragraphs.

5. **Decentralized difficulty, progressively in-depth**

   This series improves on the drawbacks of previous intermediate level textbooks, which had excessively long and difficult texts with densely concentrated new words and expressions, and adopted an approach of dispersed difficulty. In one unit, previous texts required the mastery of 50 new words and expression, while in this textbook, these 50 words have been dispersed among the 2 lessons of each unit, and the extended texts of *Experiencing Chinese · Intermediate Course Workbook 2*. In addition, all these sections have a guiding core topic, specific to the central features of the main theme, making it easier for students to comprehend, master and apply within one language context. This method of arrangement can lead students to enter at a low level, and finish at a high level, giving them a sense of accomplishment.

6. Users-friendly, easy to teach and to learn

For the teachers, they can teach directly according to the order of the materials presented. We hope the teaching ideas in this series can provide young teachers with a task-based teaching approach and process, as well as a teaching reference for experienced teachers to enrich their teaching methodology.

For students, the aim of this book is first to lead to interesting study, with the introduction and warm-up sections arousing their enthusiasm for study and attention to the topic. Then, through careful design in all aspects, the series helps students with their understanding, leading to the reality of "learning by doing". Through the completion of a series of tasks, students can achieve their aims of improving their ability to use the language comprehensively.

For teaching, this textbook provides a range of content for each language skill: listening, speaking, reading and writing, which is conducive to helping teachers prepare and teach class. With regard to the content, for the convenience of teaching, there are example sentences and exercises suitable for explanation and practice in the classroom, as well as comprehensive exercises which can only be completed upon reflection after class.

7. Novel and uniquely designed layout

The layout of this textbook is designed with elegant simplicity. The large volume of illustrations are provided to make the content more authentic, interesting and situational.

Special thanks is contributed to the editors of the Higher Education Press, who during the planning and preparation process put forward many constructive suggestions. It is their selfless work ethic, serious and responsible attitude that make this textbook be published with quality and quantity.

We sincerely hope that teachers and students who use the book give feedbacks on their own usage of it without reservation, and look forward to hearing their comments and suggestions. Please send mail to the editor-in-chief at: lp360@163.com

Jiang Liping
August 2013

使用说明

本教程适合已掌握1800—2000个汉语词汇,或者已学完《体验汉语基础教程》(1、2)和《体验汉语中级教程》(1)的学生使用。全书12个单元,每个单元围绕一个任务主题,由2课组成,包括40—50个生词,6—8个语言点,建议每单元授课6—8个学时。

任务介绍

每单元开头都有"任务介绍",描述了学习者在现实生活中可能接触到的某一个真实话题,并围绕这个话题设计了总体任务目标,也就是学习本单元后所要完成的语言任务。教师和学生可以根据这个"任务介绍"对本单元的内容有一个总体把握,并以此为主线安排教学。

热身活动

每课都设计了不同形式的热身活动,建议教学中根据热身活动布置学生进行预习,主要是熟悉本课将要学习和讨论的词语和话题,充分调动已有的知识储备和能够通过网络等渠道获取的相关话题资源。课上利用几分钟时间共同完成热身活动,并将自己发现的问题和各自不同的看法带到课堂上进行讨论。

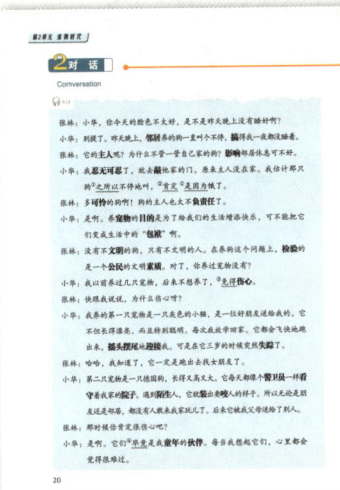
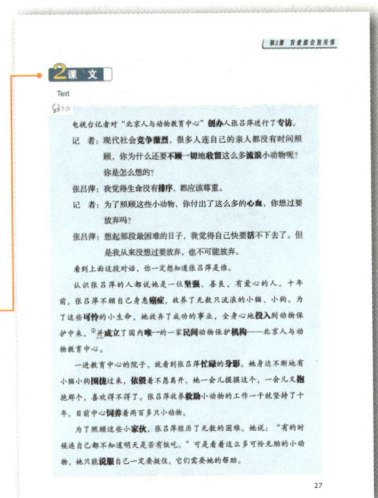

对话
第1课课文以对话为主，主要训练学生的口语交际能力。教材中首先设计了针对课文内容的生词学习和语言点讲练，在举一反三的基础上围绕课文话题进行口头表达练习。

课文
第2课课文以短文为主，注重训练学生的成段表达能力。这部分建议在精读课文的基础上，进一步学习生词和语言点。然后，再围绕话题进行口头表达练习。

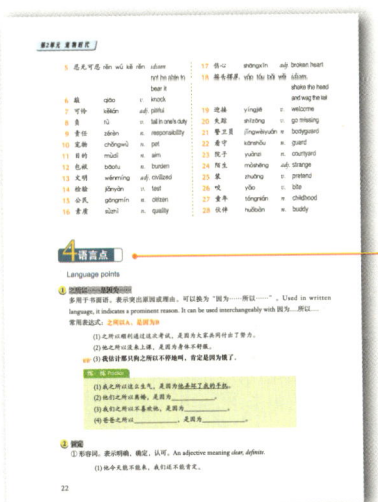
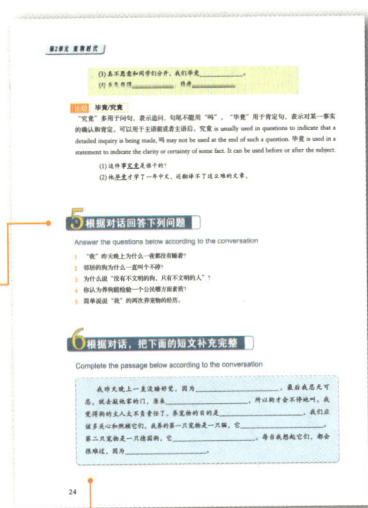

语言点
每单元讲练6—8个语言点，并对部分近义词或表达式进行比较学习。

根据对话回答问题
针对对话内容，以问答题形式练习学生口语表达。

活动
分为"双人活动"与"小组活动"，要求学习者掌握本课的常用表达式，能围绕本课主题发表个人观点、展开论述。

口语表达
在课文基础上进行适当扩展的活动。学生既可根据课文内容组织表达，也可结合自己的实际情况自由表达。建议教师预留几分钟给学生，让学生做好准备（如打草稿），以便顺利表达。

使用说明

　　以上是对本教程的简要介绍以及实际教学中的一些建议，希望对您有所帮助。在教学过程中您不必拘泥于我们的建议，可以根据实际教学情况灵活地安排教学。对于中高级阶段的学习者来说，自主学习尤为重要，希望这本教程能为中高级阶段的学习者提供一个提升汉语能力的自由空间，在一个个环环相扣的任务引导下积极主动地去学习。

姜丽萍

2013年8月

Instructions

This textbook is suitable for students who have already mastered 1800-200 Chinese words, or finished the study of *Experiencing Chinese – Basic Course (1 & 2)* and *Experiencing chinese-Intermediate Coarse (1)*. This textbook includes 12 units in total, with each unit centered on a task topic and composed of 2 lessons. In each unit, there are approximately 40-50 new words and 6-8 language points. Designed for classroom use, the teaching of each unit is suggested to take 6-8 teaching hours.

Introduction

Each unit has its own "introduction", which describes a certain topic that learners may encounter in daily lives. According to this topic, the introduction designs some general tasks, which are also the language tasks that the learners should complete after finishing the study of the unit. Teachers and students may get some knowledge about the unit and arrange studies through "introduction".

Warm-up

Each lesson has different "warm-up activity". We recommend that students prepare new words and topic before class according to the warm-up activity, getting resources about the topic through knowledge reserve and internet. Use several minutes to complete the warm-up activity together and share opinions and problems discovered with classmates.

Instructions

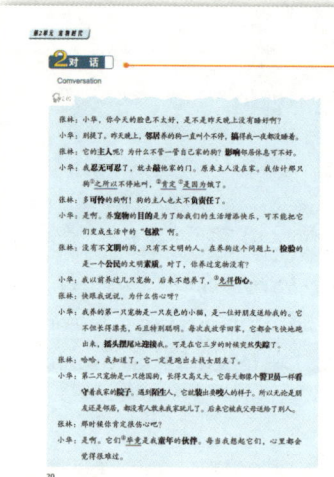

Conversation
Giving priority to speaking, it trains the ability of oral communication of the students. The course first designs vocabulary study and language points according to the conversation, and then it gives some oral expression activities around the topic of the lesson.

Text
Giving priority to reading and speaking, the text trains the ability of paragraph expression of the students. We recommend that after studying the text, students learn the vocabulary and language points. Then practice oral expression activities around the topic of the lesson.

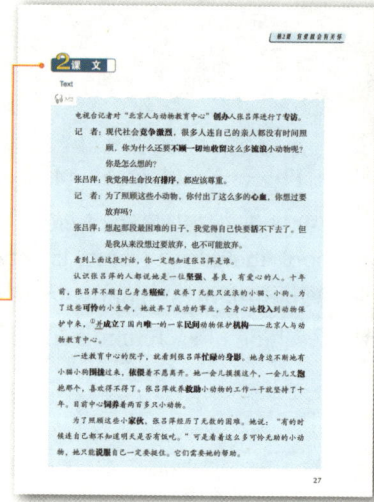

Language points
Each unit has 6–8 language points, comparing near-synonyms and similar expressions.

Q&A according to the text
Improve the ability of oral expression of the students through the content of the conversation.

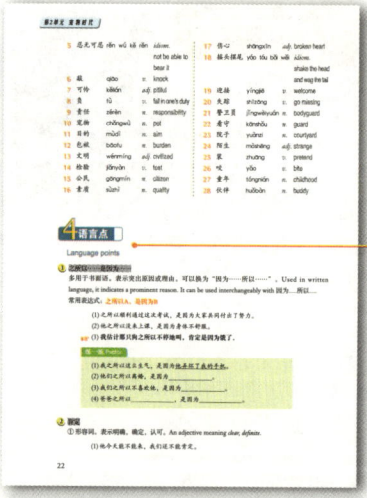

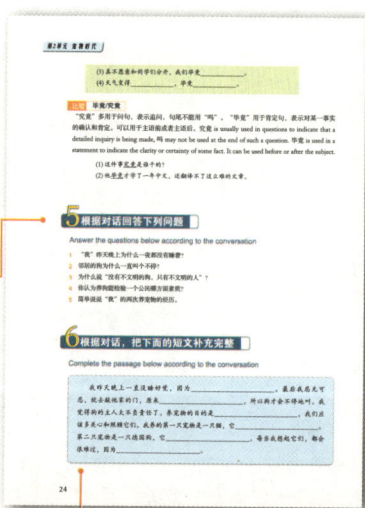

Speaking activites
Divided into "Pair Work" and "Group Work", learners are required to master the common expressions from the lesson. They can express their own views, and discuss the main topic of the class.

Oral expressions
This activity provides an appropriate extension to the basic text. As well as organizing expressions according to the content of the text, students can also use their real life situation to freely integrate more language. Teachers are suggested to reserve a few minutes for students to prepare (for example to prepare a draft), so as to allow the communication to progress smoothly.

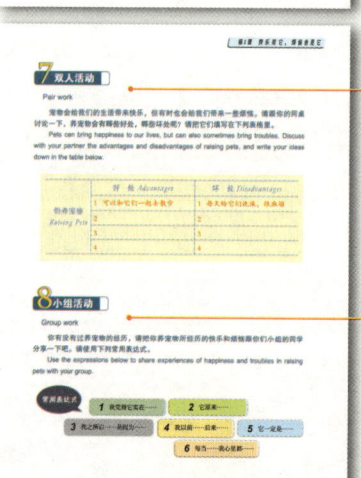

x

Above is a brief introduction of this textbook and some suggestions on its use in class, we hope it can be of some help. Of course, "There is no fixed way in teaching", and all teachers have the freedom to use our suggestions as they see fit. Teachers should be flexible in their design of lessons to suit the real situation. The intermediate stage is a period in which learners of Chinese can improve quickly, and we hope this textbook can provide a platform to help them achieve a swift advancement in their level. We hope learners will be guided by the compact series of tasks to actively learn and improve.

Jiang Liping
August 2013

目 录 Contents

第1单元 Diànnǎo hé Shǒujī, nǐ néng líkāi nǎ yí ge?
电脑和手机，你能离开哪一个？ 1
Computer or Cell Phone, Which Could You Live Without?

- 第1课 Wǒ hé diànnǎo de gùshi
  我和电脑的故事 Me and My Computer 2
- 第2课 Diū le shǒujī háishi diū le shìjiè?
  丢了手机还是丢了世界？ Losing a Cell Phone Means Losing a World 10

第2单元 Chǒngwù shídài
宠物时代 The Age of Pets 18

- 第1课 Kuàilè shì tā, fánnǎo yě shì tā
  快乐是它，烦恼也是它 Bringing Happiness, and Bringing Trouble 19
- 第2课 Yǒu ài jiù huì yǒu guānhuái
  有爱就会有关怀 With Love Comes Care 26

第3单元 Duōcǎi rénshēng
多彩人生 A Colorful Life 33

- 第1课 "Yán" wài zhī yì yǒu duōshǎo?
  "颜"外之义有多少？ The Meaning of "Color" 34
- 第2课 Duōcǎi rénshēng
  多彩人生 A Colorful Life 40

第4单元 Xiǎo rénwù, dà mèngxiǎng
小人物，大梦想 Ordinary People, Big Dreams 48

- 第1课 Xīn ruò zài, mèng jiù zài
  心若在，梦就在 If the Heart Exists, the Dream Exists 49
- 第2课 Xuǎnxiù——mèng kāishǐ de dìfang
  选秀——梦开始的地方 The Contest — Where the Dream Begins 57

第5单元 Huángjīn jiàrì
黄金假日 Golden Holiday 64

- 第1课 Jiàqī zōnghézhēng
  假期综合征 Holiday Syndrome 65
- 第2课 Bùtóng de niándài, bùtóng de nián
  不同的年代，不同的年 Different Generations, Different Years 74

i

目录 Contents

第 6 单元 你还记得读书的快乐吗? Do You Remember the Happiness of Reading? — 82

第 1 课 "莫言热"与阅读危机 "Hot" Mo Yan and the Reading Crisis — 83

第 2 课 不要让书离我们越来越远 Don't Let Books Drift Any Further Away — 91

第 7 单元 交通工具的变迁 The Change of Vehicle — 99

第 1 课 从"自行车王国"到"汽车时代" From "Bike Kingdom" to "the Age of Cars" — 100

第 2 课 私家车数量需限制 The Number of Private Cars Should Be Limited — 107

第 8 单元 广告时代 The Age of Advertising — 113

第 1 课 从标语到商业广告 From Propaganda Slogans to Commercial Adverts — 114

第 2 课 让人又爱又恨的广告 Adverts We Both Love and Hate — 121

第 9 单元 最近比较烦 Recent Troubles — 129

第 1 课 毕业以后你要做什么? What Are You Doing After Graduation? — 130

第 2 课 郁闷啊,郁闷 So Depressed — 139

第 10 单元 剩男剩女 Singletons — 146

第 1 课 要求太高? Standards Too High? — 147

第 2 课 她们怎么成了必"剩"客? How Did They Become "Leftovers"? — 154

第 11 单元 爱美之心,人皆有之 The Beauty of the Heart Is in Everyone — 161

第 1 课 人造美女 Artificial Beauty — 162

ii

| 第2课 | Měinǚ jīngjì 美女经济 The Beauty Economy | 169 |

第12单元 名牌热 Míngpái rè Hot Brands — 177

| 第1课 | Nǐ mǎi míngpái le méiyǒu? 你买名牌了没有？ Have You Bought Brand-Name Products? | 178 |
| 第2课 | Dāngdài dàxuéshēng yǔ míngpái xiāofèi 当代大学生与名牌消费 Modern Day University Students and Brand Consumption | 186 |

附录 Appendix — 193

| 词语表 Glossary | 193 |
| 答案 Answers | 209 |

iii

电脑和手机，你能离开哪一个？

Diànnǎo hé shǒujī, nǐ néng líkāi nǎ yí ge?

第1单元 1

Computer or Cell Phone, Which Could You Live Without?

任务介绍 Introduction

不知道从什么时候开始，电脑和手机走进了我们的生活，使我们的生活发生了巨大的变化。它们不仅给我们的生活带来了快乐和便捷，同时也给我们带来了不小的麻烦。

在这一单元里，我们首先请几位网友谈谈自己对电脑和网络的看法，然后听一位朋友讲述自己丢了手机以后遇到的麻烦。

Some time ago, computers and cell phones became an integral part of our lives and have drastically changed the way we live. They have not only brought us happiness and convenience, but also no small amount of trouble.

In this unit, we first invite some online friends to discuss their opinions on computers and the Internet, then we listen to a friend give an account of the troubles he encountered after losing his cell phone.

第 1 课　我和电脑的故事
Wǒ hé diànnǎo de gùshi
Me and My Computer

1 热身活动

Warm-up

1. 请看下面的图片，说说他们都在用电脑做些什么？Look at the pictures below and say what the computers are being used for.

1. _____

2. _____

3. _____

4. _____

5. _____

6. _____

2. 请思考一下，如果我们现在没有了电脑，我们的生活会受到哪些影响？Spend a moment to consider how not having computers may impact our lives. Make a list below with your ideas.

序　号	受到的影响 Impact
1	不能很快了解身边发生的大事件
2	
3	
4	

 课　文

Text

 1-01

最近一段时间，很多人在**社区论坛**上讨论一个**话题**：电脑与生活。随着E时代的到来，电脑对我们的生活产生越来越大的影响，听听大家怎么说吧。

大学生网友

白菜　2013-08-01 12:00　　　　　　　　举报　回复　转发

我可以24小时不吃饭、不睡觉，可是我一定得上网。看看我周围的同学们，大家①**除了**上课，**就是**在宿舍里玩电脑。②**明明**是**背**对背坐着，也不说话。每个人都戴着**耳机**听音乐，连相约去吃午饭也是通过QQ。有些男生为了玩游戏甚至连考试都不想去。

公司职员

水冰冰　2013-08-01 15:26　　　　　　　举报　回复　转发

我用电脑看新闻、看电影、听音乐、写**文章**、玩游戏、交朋友，电脑**占用**了我所有的时间。作为一名**设计师**，我的工作离不开电脑，曾经有一次公司停电，整个下午我都坐在办公桌前，**盯**着电脑**屏幕**，不知道还有什么事情可以做。

奶奶级网友

红太阳　2013-08-01 16:27　　　　　　　举报　回复　转发

别看我已经60多岁了，我还是紧跟时代的。孩子结婚**搬**出去住了，我一个人生活，电脑就成了我最好的朋友。每天睡醒了就开机，一上网就"**偷菜**"。③**别**说在网上玩**棋牌**游戏、学做菜，**就是**和小**孙子视频**聊天我也会呢。

媒体人

我就是我　2013-08-02 10:08　　　　　　举报　回复　转发

我④**不仅**习惯了在电脑上看新闻，每天还要**浏览**一些重要的网站，**登录**各个论坛，看其他网友的**帖子**。现在经常用电脑写文章，很少用笔写字了。有时候连一些很常见的字都想不起来怎么写，太**囧**了。

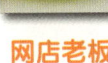
网店老板

如果爱　2013-08-02 11:17　　　　　　　举报　回复　转发

网络时代，让很多有创业梦的人距离**梦想**更近了。网上**店铺**、网络创业成为这个时代的**热门**话题，**无数**的年轻人都想一试身手。网络带给现代商业一种新的**经营**模式，让年轻人在网络环境中寻找创业的机会。

第1单元 电脑和手机，你能离开哪一个？

Zuìjìn yí duàn shíjiān, hěn duō rén zài **shèqū lùntán** shang tǎolùn yí ge **huàtí**: diànnǎo yǔ shēnghuó. Suízhe E shídài de dàolái, diànnǎo duì wǒmen de shēnghuó chǎnshēng yuèláiyuè dà de yǐngxiǎng, tīngting dàjiā zěnme shuō ba.

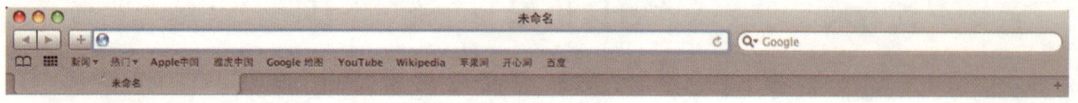

dàxuéshēng wǎngyǒu

Báicài 2013-08-01 12:00   举报 回复 转发

Wǒ kěyǐ èrshísì xiǎoshí bù chīfàn、bú shuìjiào, kěshì wǒ yídìng děi shàngwǎng. Kànkan wǒ zhōuwéi de tóngxué men, dàjiā ①chúle shàngkè, jiùshì zài sùshè lǐ wán diànnǎo. ②**Míngmíng** shì **bèi** duì **bèi** zuò zhe, yě bù shuōhuà. Měi ge rén dōu dài zhe **ěrjī** tīng yīnyuè, lián xiāngyuē qù chī wǔfàn yě shì tōngguò QQ. Yǒuxiē nánshēng wèile wán yóuxì shènzhì lián kǎoshì dōu bù xiǎng qù.

gōngsī zhíyuán

Shuǐ bīngbīng 2013-08-01 15:26   举报 回复 转发

Wǒ yòng diànnǎo kàn xīnwén、kàn diànyǐng、tīng yīnyuè、xiě **wénzhāng**、wán yóuxì、jiāo péngyou, diànnǎo **zhànyòng** le wǒ suǒyǒu de shíjiān. Zuòwéi yì míng **shèjìshī**, wǒ de gōngzuò lí bu kāi diànnǎo, céngjīng yǒu yí cì gōngsī tíngdiàn, zhěnggè xiàwǔ wǒ dōu zuò zài bàngōngzhuō qián, **dīng** zhe diànnǎo **píngmù**, bù zhīdào hái yǒu shénme shìqing kěyǐ zuò.

nǎinai jí wǎngyǒu

Hóng tàiyáng 2013-08-01 16:27   举报 回复 转发

Bié kàn wǒ yǐjīng liùshí duō suì le, wǒ háishi jǐngēn shídài de. Háizi jiéhūn **bān** chūqù zhù le, wǒ yí ge rén shēnghuó, diànnǎo jiù chéng le wǒ zuì hǎo de péngyou. Měitiān shuì xǐng le jiù kāijī, yí shàngwǎng jiù "**tōu cài**". ③Bié shuō zài wǎngshàng wán **qípái** yóuxì、xué zuò cài, jiùshì hé xiǎo **sūnzi shìpín** liáotiān wǒ **yě** huì ne.

méitǐ rén

Wǒ jiùshì wǒ 2013-08-02 10:08   举报 回复 转发

Wǒ ④**bùjǐn** xíguàn le zài diànnǎo shàng kàn xīnwén, měitiān hái yào **liúlǎn** yìxiē zhòngyào de wǎngzhàn, **dēnglù** gègè lùntán, kàn qítā wǎngyǒu de **tiězi**. Xiànzài jīngcháng yòng diànnǎo xiě wénzhāng, hěn shǎo yòng bǐ xiězì le. Yǒushíhou lián yìxiē hěn chángjiàn de zì dōu xiǎng bu qǐlái zěnme xiě, tài jiǒng le.

第1课 我和电脑的故事

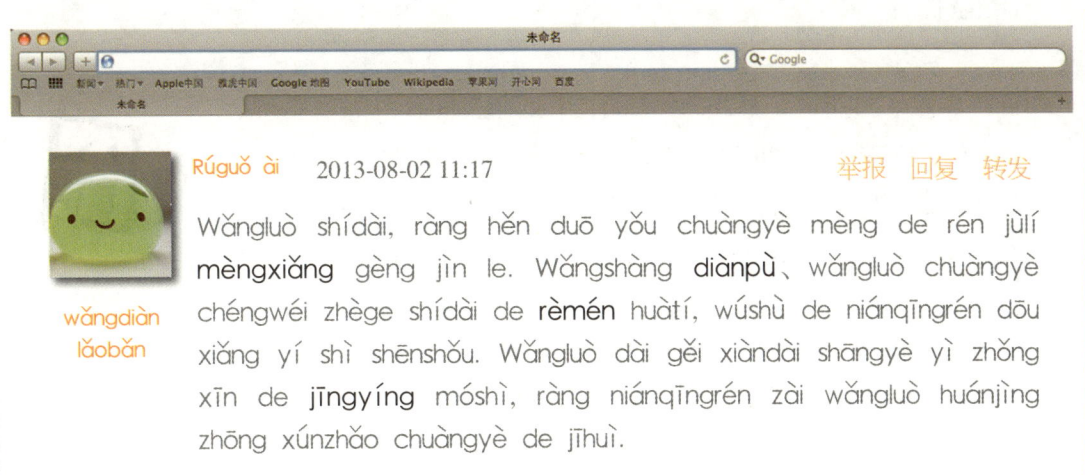

Rúguǒ ài 2013-08-02 11:17 举报 回复 转发

wǎngdiàn lǎobǎn

Wǎngluò shídài, ràng hěn duō yǒu chuàngyè mèng de rén jùlí **mèngxiǎng** gèng jìn le. Wǎngshàng **diànpù**、wǎngluò chuàngyè chéngwéi zhège shídài de **rèmén** huàtí, wúshù de niánqīngrén dōu xiǎng yí shì shēnshǒu. Wǎngluò dài gěi xiàndài shāngyè yì zhǒng xīn de **jīngyíng** móshì, ràng niánqīngrén zài wǎngluò huánjìng zhōng xúnzhǎo chuàngyè de jīhuì.

3 生词 🎧 1-02

Vocabulary

1	社区	shèqū	n.	community
2	论坛	lùntán	n.	forum
3	话题	huàtí	n.	topic
4	背	bèi	n.	back
5	耳机	ěrjī	n.	headphone
6	职员	zhíyuán	n.	employee
7	文章	wénzhāng	n.	article
8	占用	zhànyòng	v.	occupy
9	设计师	shèjìshī	n.	designer
10	盯	dīng	v.	stare
11	屏幕	píngmù	n.	screen
12	搬	bān	v.	move
13	偷	tōu	v.	steal
14	棋牌	qípái	n.	chess and cards
15	孙子	sūnzi	n.	grandson
16	视频	shìpín	n.	video
17	媒体	méitǐ	n.	media
18	浏览	liúlǎn	v.	browse
19	登录	dēnglù	v.	log in
20	帖子	tiězi	n.	post
21	梦想	mèngxiǎng	n.	dream
22	店铺	diànpù	n.	shop
23	热门	rèmén	adj.	hot (popular)
24	无数	wúshù	adj.	countless
25	经营	jīngyíng	v.	operate

注 释 Notes:

1 偷菜：指开心网上的一种小游戏。以在好友的农场里，偷到好友的虚拟劳动果实为乐趣。偷菜 refers to a simple game on the website Kaixin Wang. In the game, players have fun by visiting the farms of their friends and stealing vegetables that have been grown through the fruits of their

virtual labor.

2. 囧：本义为"光明"。从2008年开始在中文地区的网络上被看成一种流行的表情符号，成为网络聊天、论坛、博客中使用最多的字之一，用来表达"悲伤、无奈、尴尬"之意。"囧"被形容为"21世纪最风行的一个汉字"。The original meaning of 囧 is bright and cheerful. From 2008, it began to be used as an emoticon and became one of the most commonly used characters on the Internet chat rooms, forums and blogs. It is used to express the feeling of sadness, helplessness and embarrassment, and has been described as "the most popular Chinese character of the 21st century".

4 语言点

Language points

1 除了……，就是……

表示二者必居其一。This expression indicates that there are only two possibilities.

常用表达式：**除了A，就是B，**

(1) 家里<u>除了</u>爷爷<u>就是</u>奶奶，他没有别的亲人了。
(2) 爸爸买了新手机以后，<u>除了</u>打电话，<u>就是</u>发短信，其他功能都不会用。
☞ (3) **看看我周围的同学们，大家<u>除了</u>上课，<u>就是</u>在宿舍里玩电脑。**

(1) 周末的时候，我除了<u>跟朋友聊天</u>，就是<u>上网玩游戏</u>。
(2) 假期的时候，同学们除了_____，就是_____。
(3) 休息的时候，很多人除了_____，就是_____。
(4) 妈妈每天除了_____，就是_____。

2 明明

副词，表示显然这样。用"明明"的小句前或后常有反问或表示转折的小句。This is an adverb meaning "clearly this". Preceding or following the clause including 明明 is usually a rhetorical question or a clause indicating transition.

(1) 你<u>明明</u>知道下午开会，为什么还迟到？
(2) <u>明明</u>你说过这句话，怎么不承认呢？
☞ (3) **<u>明明</u>是背对背坐着，也不说话。**

练一练 Practice

(1) 我明明看见你在宿舍里，为什么不给我开门？
(2) 我明明听见你们_____，怎么_____？
(3) 老师明明告诉大家_____，为什么_____？
(4) 这件衣服明明_____，为什么你_____呢？

③ **别说……，就是……也……**

表示让步关系，用来对比说明程度低的都这样，程度高的更应该这样了。This phrase indicates a concessional relationship. It is used to express a comparison that something mentioned is at a low level, while another thing of a higher level would be more appropriate.

常用表达式：**别说A，就是B也……**

(1) 这么难的汉字，别说学生了，就是老师也不会写。
(2) 别说大人，就是孩子也明白这个道理。
☞ (3) **别说在网上玩棋牌游戏、学做菜，就是和小孙子视频聊天我也会呢。**

练一练 Practice

(1) 别说十万块钱，就是一万块钱我也没有啊。
(2) 别说_____，就是_____也不会做这道题。
(3) 别说_____，就是_____我都害怕。
(4) 别说_____，就是_____。

④ **不仅**

连词，表示除了所说的意思之外，还有更进一层的意思。也常用"不仅仅"，多用于书面语。This is a conjunction which indicates that in addition to what has been said, there is something more still to be expressed. Another way of using the expression is 不仅仅. It is usually used in written language.

常用表达式：**不仅……，还……**
　　　　　　不仅……，而且／并且……
　　　　　　不仅仅是……，也是……

(1) 他不仅是我们的老师，还是我们的朋友。
(2) 这件衣服不仅价格贵，而且样子也不怎么漂亮。
☞ (3) **我不仅习惯了在电脑上看新闻，每天还要浏览一些重要的网站。**

练一练 Practice

(1) 十年过去了，他不仅长高了，还变胖了。
(2) 经常和中国朋友聊天，不仅_____，还_____。
(3) 来中国三个多月了，我不仅_____，而且_____。
(4) 她不仅仅是_____，也是_____。

5 根据课文回答下列问题

Answer the questions below according to the text

1. 通过"白菜"的介绍我们可以知道,大学生常常用电脑做些什么?
2. 电脑对"水冰冰"有什么重要作用?
3. 奶奶级网友"红太阳"为什么喜欢上网?
4. 什么事情使媒体人"我就是我"觉得很囧?
5. 网店老板"如果爱"觉得网络给年轻人带来了什么机会?

6 根据课文,把下面的对话补充完整

Complete the dialogue below according to the text

记　者:	白菜,你认为电脑对大学生产生了哪些影响?
白　菜:	_____。(除了……就是……)
记　者:	水冰冰,电脑对你的生活产生了哪些影响呢?
水冰冰:	_____。(占用|连……都……)
记　者:	红太阳,您这么大年纪了,也爱玩电脑吗?
红太阳:	_____。(别看……了)
记　者:	我就是我,您认为用电脑写文章和用笔写作,有什么不同吗?
我就是我:	_____。(连……都……)

7 双人活动

Pair work

电脑的出现改变了我们的生活。这种改变有好的一面,同时也有坏的一面。跟你的同桌讨论一下,电脑和网络给我们的生活带来哪些好处,也带来了哪些坏处?请把它们填写在下列表格里。

The emergence of the computer has changed our lives, and this change has both positive and negative aspects. Discuss with your partner both the advantages and the disadvantages that computers and the Internet have brought to our lives. Write your ideas down in the table below.

	好　处 Advantages	坏　处 Disadvantages
电脑和网络 Computers and the Internet	1 在家里就可以看电影	1 占用我们大量的时间
	2	2
	3	3
	4	4

小组活动

Group work

大山是一名小学生，今年10岁。他最大的爱好就是玩电脑游戏。只要放学回家，他做的第一件事情就是打开电脑玩游戏，一玩就是三四个小时，作业不写，连饭也没时间吃。老师和家长说了很多遍，可是他就是不听。最近，他连学校也不想去了，因为上课的时候，他的脑子里想的还是游戏。

如何帮助大山这样的孩子远离网络游戏，你有什么好的办法和建议吗？3—4人一组讨论一下。请使用下列常用表达式。

Dashan is a 10 year old primary school student whose favorite hobby is playing computer games. Just after getting home from school, the first thing he does is to turn on his computer to play games, and each time he plays for three or four hours. He doesn't do his homework and doesn't even have time to eat. His parents and teachers have spoken to him many times, but he doesn't listen. Recently, he hasn't even wanted to go to school, as while he is there he can think of nothing but games.

What ideas and suggestions do you have to help a boy like Dashan to get away from Internet gaming? Discuss the problem in groups of 3—4, using the expressions below to help you.

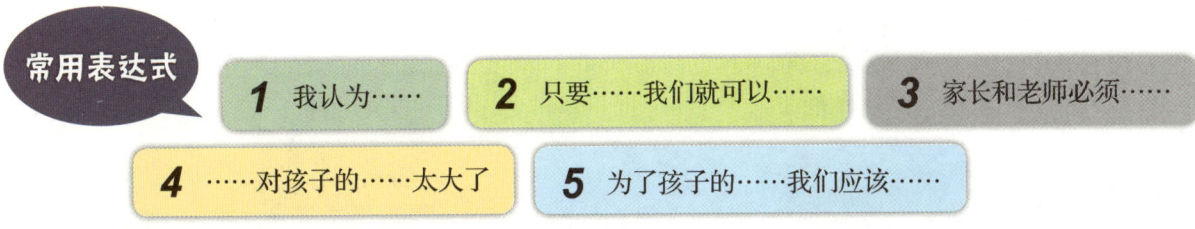

第2课 丢了手机还是丢了世界？
Diū le shǒujī háishi diū le shìjiè?
Losing a Cell Phone Means Losing a World

1 热身活动
Warm-up

1. 你认识以下手机品牌吗？你用过它们的手机吗？Do you know the cell phone brands below? Have you used their cell phones?

2. 能把下列手机的英文名字和中文名字对应起来吗？Can you match the English names of the cell phone brands below with the Chinese?

联想	Samsung
三星	Philips
诺基亚	NOKIA
酷派	Lenovo
天语	MI
摩托罗拉	TOUCH
小米	Coolpad
飞利浦	Motorola

2. 调查你的朋友们都在使用什么牌子的手机，仿照下图做成一个统计表，并简单分析一下。Investigate which brands of phone your classmates are using and create a pie chart like the picture below. Make a simple analysis of the results.

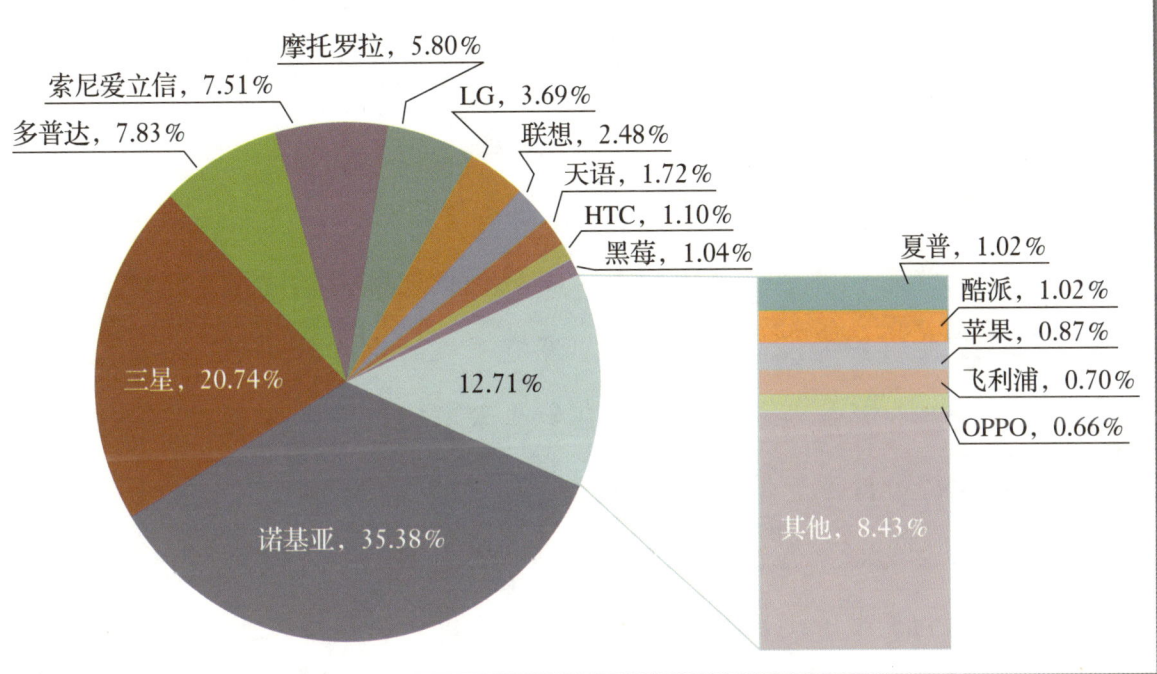

2009年上半年最受用户关注的手机品牌分布

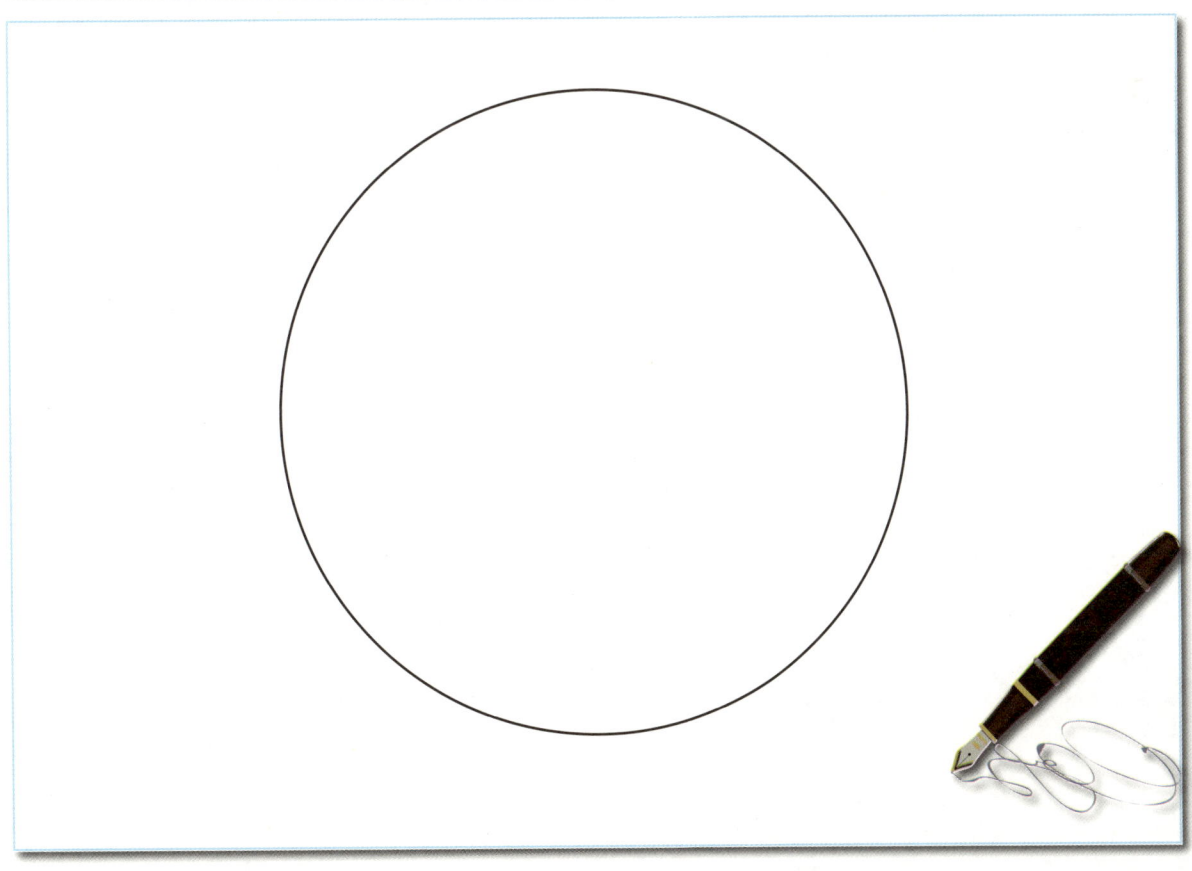

Text

　　刘先生是一家外贸公司的**销售员**。他的手机在坐公交车时被**小偷**偷走了。他说，丢手机比丢钱包更让人头痛，因为手机里有很多电话号码。"买个手机也就一两千块，可是号码丢了很让人心烦。"没有了手机，刘先生就像和整个世界**隔离**了。他**只好**把**之前**的**名片**一张张地找出来，但是有些**客户**并没有留下名片。没有手机的这段时间里，刘先生感觉全身不舒服，总是去**摸**口袋，这让他非常**不安**。中午休息的时候，他马上到**电信**公司**补**了一张SIM卡。

　　事实上，我们身边还有不少人都对手机有很**强**的**依赖**，习惯用手机看时间、看电子书、浏览新闻等。即使在吃饭时，很多人也喜欢把手机放在饭桌上，时不时地看一眼。现代社会很多人的工作和生活①几乎都无法离开手机、电脑这些高**科技产品**，可是②偏偏这些人最有可能**患**上手机、电脑依赖**症**。

　　专家说，由于工作压力大、生活**节奏**越来越快、人和人之间**交往**增多等原因，手机和电脑成为大多数人工作和生活中非常重要的**工具**。如果手机没电了或者来电突然**减少**时，很多人就会出现**焦虑**、不安等情绪。专家建议应该把工作时间与休息时间分开。在不工作的时候，可以试着关闭手机、远离电脑，好好地放松心情，享受生活的美好。③对于那些依赖电脑、手机的人，可以**培养其他**的兴趣爱好，比如听音乐、外出散步、**郊游**等。

Liú xiānsheng shì yī jiā wàimào gōngsī de **xiāoshòuyuán**. Tā de shǒujī zài zuò gōngjiāo chē shí bèi **xiǎotōu** tōu zǒu le. Tā shuō, diū shǒujī bǐ diū qiánbāo gèng ràng rén tóutòng, yīnwèi shǒujī lǐ yǒu hěn duō diànhuà hàomǎ. "Mǎi ge shǒujī yě jiù yī liǎng qiān kuài, kěshì hàomǎ diū le hěn ràng rén xīnfán." Méiyǒu le shǒujī, Liú xiānsheng jiù xiàng hé zhěnggè shìjiè **gélí** le. Tā **zhǐhǎo** bǎ **zhīqián** de **míngpiàn** yī zhāngzhāng de zhǎo chūlái, dànshì yǒuxiē **kèhù** bìng méiyǒu liúxià míngpiàn. Méiyǒu shǒujī de zhè duàn shíjiān lǐ, Liú xiānsheng gǎnjué quánshēn bù shūfu, zǒngshì qù **mō** kǒudai, zhè ràng tā fēicháng bù'ān. Zhōngwǔ xiūxi de shíhou, tā mǎshàng dào **diànxìn** gōngsī **bǔ** le yī zhāng SIM kǎ.

Shìshí shàng, wǒmen shēnbiān hái yǒu bù shǎo rén dōu duì shǒujī yǒu hěn **qiáng** de **yīlài**, xíguàn yòng shǒujī kàn shíjiān、kàn diànzǐ shū、liúlǎn xīnwén děng. Jíshǐ zài chīfàn shí, hěn duō rén yě xǐhuan bǎ shǒujī fàng zài fànzhuō shàng, shí bu shí de kàn yī yǎn. Xiàndài shèhuì hěn duō rén de gōngzuò hé shēnghuó ①jīhū dōu wúfǎ líkāi shǒujī、diànnǎo zhèxiē gāo **kējì chǎnpǐn**, kěshì ②piānpiān zhèxiē rén zuì yǒu kěnéng **huàn** shàng shǒujī、diànnǎo yīlài **zhèng**.

Zhuānjiā shuō, yóuyú gōngzuò yālì dà、shēnghuó **jiézòu** yuèláiyuè kuài、rén hé rén zhījiān **jiāowǎng** zēngduō děng yuányīn, shǒujī hé diànnǎo chéngwéi dàduōshù rén gōngzuò hé shēnghuó zhōng fēicháng zhòngyào de **gōngjù**. Rúguǒ shǒujī méi diàn le huòzhě láidiàn tūrán **jiǎnshǎo** shí, hěn duō rén jiù huì chūxiàn **jiāolǜ**、bù'ān děng qíngxù. Zhuānjiā jiànyì yīnggāi bǎ gōngzuò shíjiān yǔ xiūxi shíjiān fēnkāi. Zài bù gōngzuò de shíhou, kěyǐ shì zhe guānbì shǒujī、yuǎnlí diànnǎo, hǎohāo fàngsōng xīnqíng, xiǎngshòu shēnghuó de měihǎo. ③Duìyú nàxiē yīlài diànnǎo、shǒujī de rén, kěyǐ **péiyǎng qítā** de xìngqù àihào, bǐrú tīng yīnyuè、wàichū sànbù、jiāoyóu děng.

3 生词

Vocabulary

1	销售员	xiāoshòuyuán	n.	salesperson	9	不安	bù'ān	adj.	restless
2	小偷	xiǎotōu	n.	thief	10	电信	diànxìn	n.	telecommunications
3	隔离	gélí	v.	isolate	11	补	bǔ	v.	replace
4	只好	zhǐhǎo	adv.	forced to	12	强	qiáng	adj.	strong
5	之前	zhīqián	adj.	old	13	依赖	yīlài	n.	dependence
6	名片	míngpiàn	n.	business card	14	科技	kējì	n.	technology
7	客户	kèhù	n.	customer	15	产品	chǎnpǐn	n.	product
8	摸	mō	v.	feel	16	患	huàn	v.	suffer

第1单元 电脑和手机，你能离开哪一个？

17	症	zhèng	*n.*	syndrome	22	焦虑	jiāolǜ	*n.*	anxiety
18	节奏	jiézòu	*n.*	rhythm	23	培养	péiyǎng	*v.*	develop
19	交往	jiāowǎng	*n.*	interaction	24	其他	qítā	*pron.*	other
20	工具	gōngjù	*n.*	tool	25	郊游	jiāoyóu	*n.*	outing
21	减少	jiǎnshǎo	*v.*	reduce					

Language points

1 几乎

副词。

① 表示非常接近。差不多，常常包含数量词语。This is an adverb meaning "very close to", or "almost". It is frequently used with a number or amount.

(1) 这次长跑比赛几乎有两万人参加。

(2) 几年不见，他的头发几乎全白了。

☞ (3) 现代社会很多人的工作和生活几乎都无法离开手机、电脑这些高科技产品。

② 表示眼看就要发生而结果并没有发生，差点儿。The second meaning is that something almost happened, or appeared to happen, but eventually did not. It was a little way off.

(1) 事情几乎就要办成了，最后却有了新变化。

(2) 听说父亲生病住院了，她急得几乎哭出来。

> **练一练 Practice**
>
> (1) 你说话的声音太小了，我们几乎听不见。
> (2) 你写的字太乱了，我们几乎_____。
> (3) 你的发音非常不标准，我们几乎_____。
> (4) 老张生病住院了，他的亲朋好友几乎_____。

2 偏偏

副词。

① 表示故意跟客观要求或客观情况相反。This is an adverb indicating "to intentionally oppose the objective requirements or objective situation".

(1) 我爱吃面条，可是妈妈偏偏不愿意给我做。

(2) 爸爸希望我学习法律，可我偏偏选择了历史专业。

② 表示事实跟所希望或期待的相反。It also indicates that the truth is the opposite of what is hoped for or expected.

(1) 昨天我去宿舍找你，可是你偏偏不在。

(2) 好不容易大学毕业了，却偏偏找不到好的工作。

☞ (3) 现代社会很多人的工作和生活几乎都无法离开手机、电脑这些高科技产品，可是偏偏这些人最有可能患上手机、电脑依赖症。

③ 表示范围，相当于"仅仅、只有"。It also indicates the range, it is equivalent to 仅仅 or 只有.

(1) 同学们都来了，偏偏老师没来。

(2) 别的小组都完成了任务，偏偏我们小组没完成。

练一练 Practice

(1) 大家都同意我的意见，偏偏老师表示反对。

(2) 刚想洗个热水澡，却偏偏_____。

(3) 其他科目都考得不错，为什么偏偏_____？

(4) 我们想_____，可是偏偏_____。

3 对于

介词。表示人、事物、行为之间的对待关系。A preposition indicates a referred relationship between people, objects, and/or actions.

常用表达式：**对于A……，B……**

对于A来说，……

(1) 对于那些生活上有困难的人，我们要主动帮助他们。

(2) 对于你提出的这个问题，我们还需要再开会讨论。

☞ (3) 对于那些依赖电脑、手机的人，可以培养其他的兴趣爱好。

练一练 Practice

(1) 对于这件事情，我想谈谈自己的看法。

(2) 对于环境保护问题，我想_____。

(3) 对于考试的结果，我觉得_____。

(4) 对于_____，我认为_____。

比较 关于/对于

表示关联、涉及的事物，用"关于"；指出对象，用"对于"。"关于"常用于主语前；"对于"用在主语前后均可。When referring to objects which are associated or related to the information given, use 关于; When referring to a target action of an object, use 对于. 关于 is usually used before the subject; 对于 can be used before or after the subject.

(1) 关于中草药，我知道得很少。

(2) 我最近在看一些关于汉语语法的书。

5 根据课文回答下列问题

Answer the questions below according to the text

1. 刘先生的手机是怎么丢的?
2. 为什么丢手机比丢钱包更让人头疼?
3. 什么事情让刘先生觉得很不安?
4. 有手机依赖症的人会有哪些表现?
5. 如果患上手机依赖症应该怎么办呢?

6 在课文中找出与下列句中画线部分意思相近的词语

Find language in the text which has a similar meaning to the underlined words and expressions below

1. 医生建议病人与家人<u>分开居住</u>,避免互相传染疾病。　＿＿＿＿＿
2. 下课<u>以前</u>请大家把作业都交给老师。　＿＿＿＿＿
3. 三个月没有收到女儿的来信了,妈妈开始有点儿<u>担心</u>了。　＿＿＿＿＿
4. 几年没见,他的头发<u>差不多</u>全白了。　＿＿＿＿＿
5. 因为常年吸烟,他<u>得了</u>严重的肺病,医生说很难完全治好了。　＿＿＿＿＿

7 双人活动

Pair work

请和你的同桌都把手机拿出来,研究一下各自的手机都具有哪些相同的功能,哪些不同的功能,并填入下表中。

Compare your cell phone with your partner's, finding out which functions they have in common, and how they differ. Write your findings in the table below.

序　号	相同的功能 Equivalent functions	不同的功能 Different functions
1	拍照	打国际长途

序 号	相同的功能 Equivalent functions	不同的功能 Different functions
2		
3		
4		

Group work

开展一个小型的辩论（biànlùn）会，题目是"假如生活中没有了电脑和手机"。

正方的观点是：假如没有了电脑和手机，生活会变得一团糟。反方的观点是：假如没有了电脑和手机，生活会变得更和谐。

要求正方和反方都要有足够的论据(lùnjù)来论述自己的观点，表达正确，表述清楚。

Open a small debate with the topic of: 假如生活中没有了电脑和手机.

The pro view is that life without computers and cell phones would be a mess. The con view is that without computers and cell phones, life would be more harmonious.

Both the pros and the cons must have enough talking points to discuss their views, and they must express themselves appropriately and clearly.

第2单元

Chǒngwù shídài
宠物时代
The Age of Pets

任务介绍 Introduction

你是宠物爱好者吗？宠物会给你的生活带来什么样的快乐和烦恼？随着宠物时代的到来，人类如何与身边的动物和谐相处正在成为大家关注的话题。

在这一单元里，我们首先讲述了一位宠物的爱好者养宠物经历，然后介绍一位收养流浪小动物的爱心人士的故事。

Do you love pets? What kind of happiness and problems can pets bring to your life? As the age of pets has arrived, the topic of how to live in harmony with animals has become a major concern in the home.

In this unit, we first find out about a pet lover's experience of raising animals, then learn the story of a carer who adopted a stray animal.

第 1 课　快乐是它，烦恼也是它
Kuàilè shì tā, fánnǎo yě shì tā
Bringing Happiness, and Bringing Trouble

1 热身活动
Warm-up

1. 你能说出下列动物的名字吗？Are you able to say the names of the animals pictured below?

2. 请你说说上述动物中哪些可以作为人类的宠物，哪些不能作为人类的宠物？原因是什么？你最喜欢哪种动物作为你的宠物？Can you say which of the animals above can be raised as pets, and which cannot? What are the reasons? Which animal would you like most as your pet?

能做人类宠物的动物 Possible pets	原　因 Reasons	不能做人类宠物的动物 Impossible pets	原　因 Reasons
兔子	长得很可爱，有两只红眼睛	老虎	太凶猛了

19

第2单元 宠物时代

2 对　话

Conversation

张林：小华，你今天的脸色不太好，是不是昨天晚上没有睡好啊？

小华：别提了。昨天晚上，**邻居**养的狗一直叫个不停，**搞**得我一夜都没睡着。

张林：它的**主人**呢？为什么不管一管自己家的狗？**影响**邻居休息可不好。

小华：我**忍无可忍**了，就去**敲**他家的门。原来主人没在家。我估计那只狗①**之所以**不停地叫，②**肯定**①是因为饿了。

张林：多**可怜**的狗啊！狗的主人也太不**负责任**了。

小华：是啊。养**宠物**的**目的**是为了给我们的生活增添快乐，可不能把它们变成生活中的"**包袱**"啊。

张林：没有不**文明**的狗，只有不文明的人。在养狗这个问题上，**检验**的是一个**公民**的文明**素质**。对了，你养过宠物没有？

小华：我以前养过几只宠物，后来不想养了，③**免得伤心**。

张林：快跟我说说，为什么伤心呀？

小华：我养的第一只宠物是一只灰色的小猫，是一位好朋友送给我的。它不但长得漂亮，而且特别聪明。每次我放学回家，它都会飞快地跑出来，**摇头摆尾**地**迎接**我。可是在它三岁的时候突然**失踪**了。

张林：哈哈，我知道了，它一定是跑出去找女朋友了。

小华：第二只宠物是一只德国狗，长得又高又大。它每天都像个**警卫员**一样**看守**着我家的**院子**。遇到**陌生**人，它就**装**出要**咬**人的样子。所以无论是朋友还是邻居，都没有人敢来我家玩儿了。后来它被我父母送给了别人。

张林：那时候你肯定很伤心吧？

小华：是啊。它们④**毕竟**是我**童年**的**伙伴**。每当我想起它们，心里都会觉得很难过。

第1课　快乐是它，烦恼也是它

Zhāng Lín:　Xiǎohuá, nǐ jīntiān de liǎnsè bú tài hǎo, shì bu shì zuótiān wǎnshang méiyǒu shuì hǎo a?

Xiǎohuá:　Bié tí le. Zuótiān wǎnshang, **línjū** yǎng de gǒu yìzhí jiào ge bù tíng, **gǎo** de wǒ yí yè dōu méi shuì zháo.

Zhāng Lín:　Tā de **zhǔrén** ne? Wèishénme bù guǎn yi guǎn zìjǐ jiā de gǒu? **Yǐngxiǎng** línjū xiūxi kě bù hǎo.

Xiǎohuá:　Wǒ **rěn wú kě rěn** le, jiù qù **qiāo** tā jiā de mén. Yuánlái zhǔrén méi zài jiā. Wǒ gūjì nà zhī gǒu ①**zhī suǒyǐ** bù tíng de jiào, ②**kěndìng** ①**shì yīnwèi** è le.

Zhāng Lín:　Duō **kělián** de gǒu a! Gǒu de zhǔrén yě tài bú **fù zérèn** le.

Xiǎohuá:　Shì a. Yǎng **chǒngwù** de **mùdì** shì wèile gěi wǒmen de shēnghuó zēngtiān kuàilè, kě bù néng bǎ tāmen biàn chéng shēnghuó zhōng de "**bāofu**" a.

Zhāng Lín:　Méiyǒu bù **wénmíng** de gǒu, zhǐyǒu bù wénmíng de rén. Zài yǎng gǒu zhège wèntí shàng, **jiǎnyàn** de shì yí ge **gōngmín** de wénmíng **sùzhì**. Duìle, nǐ yǎng guò chǒngwù méiyǒu?

Xiǎohuá:　Wǒ yǐqián yǎng guò jǐ zhī chǒngwù, hòulái bù xiǎng yǎng le, ③**miǎnde** **shāngxīn**.

Zhāng Lín:　Kuài gēn wǒ shuōshuo, wèishénme shāngxīn ya?

Xiǎohuá:　Wǒ yǎng de dì yī zhī chǒngwù shì yì zhī huīsè de xiǎo māo, shì yí wèi hǎo péngyou sòng gěi wǒ de. Tā búdàn zhǎng de piàoliang, érqiě tèbié cōngming. Měicì wǒ fàngxué huíjiā, tā dōu huì fēikuài de pǎo chūlái, **yáo tóu bǎi wěi** de **yíngjiē** wǒ. Kěshì zài tā sān suì de shíhou tūrán **shīzōng** le.

Zhāng Lín:　Hāha, wǒ zhīdào le, tā yídìng shì pǎo chūqù zhǎo nǚpéngyou le.

Xiǎohuá:　Dì èr zhī chǒngwù shì yì zhī Déguó gǒu, zhǎng de yòu gāo yòu dà. Tā měitiān dōu xiàng ge **jǐngwèiyuán** yíyàng **kānshǒu** zhe wǒ jiā de **yuànzi**. Yùdào **mòshēng** rén, tā jiù **zhuāng** chū yào **yǎo** rén de **yàngzi**. Suǒyǐ wúlùn shì péngyou háishi línjū dōu méiyǒu rén gǎn lái wǒjiā wánr le. Hòulái tā bèi wǒ fùmǔ sòng gěi le biérén.

Zhāng Lín:　Nà shíhou nǐ kěndìng hěn shāngxīn ba?

Xiǎohuá:　Shì a. Tāmen ④**bìjìng** shì wǒ **tóngnián** de **huǒbàn**. Měidāng wǒ xiǎngqǐ tāmen, xīnli dōu huì juéde hěn nánguò.

Vocabulary

1　邻居　línjū　　n.　neighbor

2　搞　gǎo　　v.　make

3	主人	zhǔrén	n.	master	16	素质	sùzhì	n.	quality
4	影响	yǐngxiǎng	v.	affect	17	伤心	shāngxīn	adj.	sad
5	忍无可忍	rěn wú kě rěn		not be able to bear it	18	摇头摆尾	yáo tóu bǎi wěi		shake the head and wag the tail
6	敲	qiāo	v.	knock	19	迎接	yíngjiē	v.	welcome
7	可怜	kělián	adj.	pitiful	20	失踪	shīzōng	v.	go missing
8	负	fù	v.	be responsible for	21	警卫员	jǐngwèiyuán	n.	bodyguard
9	责任	zérèn	n.	responsibility	22	看守	kānshǒu	v.	guard
10	宠物	chǒngwù	n.	pet	23	院子	yuànzi	n.	courtyard
11	目的	mùdì	n.	aim	24	陌生	mòshēng	adj.	strange
12	包袱	bāofu	n.	burden	25	装	zhuāng	v.	pretend
13	文明	wénmíng	adj.	civilized	26	咬	yǎo	v.	bite
14	检验	jiǎnyàn	v.	test	27	童年	tóngnián	n.	childhood
15	公民	gōngmín	n.	citizen	28	伙伴	huǒbàn	n.	buddy

Language points

1 之所以……是因为……

多用于书面语。表示突出原因或理由。可以换为"因为……所以……"。Used in written language, it indicates a prominent reason. It can be used interchangeably with 因为……所以……

常用表达式：**之所以A，是因为B**

(1) 之所以顺利通过这次考试，是因为大家共同付出了努力。

(2) 他之所以没来上课，是因为身体不舒服。

☞ (3) **我估计那只狗之所以不停地叫，肯定是因为饿了。**

> **练一练 Practice**
>
> (1) 我之所以这么生气，是因为他弄坏了我的手机。
>
> (2) 他们之所以离婚，是因为＿＿＿＿＿＿。
>
> (3) 我们之所以不喜欢他，是因为＿＿＿＿＿＿。
>
> (4) 爸爸之所以＿＿＿＿＿＿，是因为＿＿＿＿＿＿。

2 肯定

①形容词。表示明确，确定，认可。An adjective meaning "clear, definite."

(1) 他今天能不能来，我们还不能肯定。

(2) 计划的可行性得到了专家的肯定。

② 副词。表示一定，毫无疑问。An adverb meaning "certainly, without a doubt".

(1) 这件事太重要了，一般人肯定不会知道的。

(2) 这么大的雨，他肯定不会来上课了。

☞ (3) **我估计那只狗之所以不停地叫，肯定是因为饿了。**

练一练 Practice

(1) 你把他的手机弄坏了，他肯定很生气。
(2) 昨天刚下过雨，今天肯定_____。
(3) 今天是周末，马路上的车肯定_____。
(4) 一个星期没有见到他了，他肯定_____。

③ **免得**

连词。表示避免发生某种不希望发生的情况。多用于后一小句开头。As a conjunction it indicates that something one doesn't want to happen is avoided. It is usually used to begin the final clause of a sentence.

(1) 下次早点儿起床，免得再迟到。

(2) 有事儿可以打电话，免得你来回跑。

☞ (3) **我以前养过几只宠物，后来不想养了，免得伤心。**

练一练 Practice

(1) 喝酒以后不能开车，免得发生交通事故。
(2) 把你的手机放好，免得_____。
(3) 把音乐的声音关小点儿，免得_____。
(4) 自己的事情_____，免得_____。

④ **毕竟**

副词。常用来肯定重要的或正确的事实，或者否定别人不重要的或错误的结论，后面的话表示最终所得出的结论。An adverb, it indicates that a fact is certainly important or true, or to negate unimportant or false conclusions presented by others. 毕竟 leads to a conclusion.

(1) 你就原谅他吧，毕竟他的年龄还小。

(2) 不管怎么说，你这样做毕竟不太好。

☞ (3) **它们毕竟是我童年的伙伴。**

练一练 Practice

(1) 你就放心吧，事情毕竟还没有你想象的那么不好。
(2) 你就别生他的气了，他毕竟_____。

(3) 真不愿意和同学们分开，我们毕竟_____。
(4) 天气变得_____，毕竟_____。

比较 毕竟/究竟

"究竟"多用于问句，表示追问，句尾不能用"吗"。"毕竟"用于肯定句，表示对某一事实的确认和肯定。可以用于主语前或者主语后。究竟 is usually used in questions to indicate that a detailed inquiry is being made, 吗 may not be used at the end of such a question. 毕竟 is used in a statement to indicate the clarity or certainty of some fact. It can be used before or after the subject.

(1) 这件事<u>究竟</u>是谁干的？
(2) 他<u>毕竟</u>才学了一年中文，还翻译不了这么难的文章。

5 根据对话回答下列问题

Answer the questions below according to the conversation

1 "我"昨天晚上为什么一夜都没有睡着？
2 邻居的狗为什么一直叫个不停？
3 为什么说"没有不文明的狗，只有不文明的人"？
4 你认为养狗能检验一个公民哪方面素质？
5 简单说说"我"的两次养宠物的经历。

6 根据对话，把下面的短文补充完整

Complete the passage below according to the conversation

我昨天晚上一直没睡好觉，因为_____。最后我忍无可忍，就去敲他家的门，原来_____，所以狗才会不停地叫。我觉得狗的主人太不负责任了。养宠物的目的是_____，我们应该多关心和照顾它们。我养的第一只宠物是一只猫，它_____。第二只宠物是一只德国狗，它_____。每当我想起它们，都会很难过，因为_____。

第1课 快乐是它，烦恼也是它

7 双人活动

Pair work

宠物会给我们的生活带来快乐，但有时也会给我们带来一些烦恼。请跟你的同桌讨论一下，养宠物会有哪些好处，哪些坏处呢？请把它们填写在下列表格里。

Pets can bring happiness to our lives, but can also sometimes bring troubles. Discuss with your partner the advantages and disadvantages of raising pets, and write your ideas down in the table below.

饲养宠物 Raising pets	好 处 Advantages	坏 处 Disadvantages
	1 可以和它们一起去散步	1 每天给它们洗澡，很麻烦
	2	2
	3	3
	4	4

8 小组活动

Group work

你有没有过养宠物的经历，请把你养宠物所经历的快乐和烦恼跟你们小组的同学分享一下吧。请使用下列常用表达式。

Use the expressions below to share experiences of happiness and troubles in raising pets with your group.

常用表达式
1 我觉得它实在……
2 它原来……
3 我之所以……是因为……
4 我以前……后来……
5 它一定是……
6 每当……我心里都……

第2课　有爱就会有关怀
Yǒu ài jiù huì yǒu guānhuái
With Love Comes Care

1 热身活动
Warm-up

1. 很多人喜欢养宠物，但养了一段时间以后，却把它们丢弃了。请你说说人们丢弃宠物的原因。Many people like to take on a pet, but after raising them for some time they abandon them. Discuss the reasons for abandoning pets with your classmates.

    ◇ 养得时间长了，不喜欢了。_____

    ◇ _____

    ◇ _____

    ◇ _____

2. 说说下面图中的人们都在做什么呢？关于救助流浪小动物，你有什么好的建议吗？Can you say what the people in the pictures below are doing? Regarding giving assistance to stray animals, what advice can you give?

 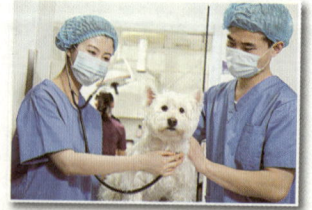 

1. _____   2. _____   3. _____

建议：
_____
_____

2 课 文

Text

电视台记者对"北京人与动物教育中心"**创办**人张吕萍进行了**专访**。

记　者：现代社会**竞争激烈**，很多人连自己的亲人都没有时间照顾，你为什么还要**不顾一切**地**收留**这么多**流浪**小动物呢？你是怎么想的？

张吕萍：我觉得生命没有**排序**，都应该尊重。

记　者：为了照顾这些小动物，你付出了这么多的**心血**，你想过要放弃吗？

张吕萍：想起那段最困难的日子，我觉得自己快要**活**不下去了。但是我从来没想过要放弃，也不可能放弃。

看到上面这段对话，你一定想知道张吕萍是谁。

认识张吕萍的人都说她是一位**坚强**、善良、有爱心的人。十年前，张吕萍不顾自己身患**癌症**，收养了无数只流浪的小猫、小狗。为了这些**可怜**的小生命，她放弃了成功的事业，全身心地**投入**到动物保护中来，①并**成立**了国内**唯一**的一家**民间**动物保护**机构**——北京人与动物教育中心。

一进教育中心的院子，就看到张吕萍**忙碌**的**身影**。她身边不断地有小猫小狗**围拢**过来，**依偎**着不愿离开。她一会儿摸摸这个，一会儿又**抱**抱那个，喜欢得不得了。张吕萍收养**救助**小动物的工作一干就坚持了十年。目前中心**饲养**着两百多只小动物。

为了照顾这些小**家伙**，张吕萍经历了无数的困难。她说："有的时候连自己都不知道明天是否有饭吃。"可是看着这么多可怜无助的小动物，她只能**说服**自己一定要挺住。它们需要她的帮助。

张吕萍乐观地说："②尽管吃了很多的苦，但是小动物们也给了我很多欢乐和**安慰**。得癌症十年了，能坚持到现在，是它们给了我生活的**力量**和**自信**。"看着眼前活泼可爱的小家伙们，她多么希望能有更多的人参加到这**项**事业中来。

Diànshìtái jìzhě duì "Běijīngrén yǔ Dòngwù Jiàoyù Zhōngxīn" chuàngbàn rén Zhāng Lǚpíng jìnxíng le zhuānfǎng.

Jìzhě: Xiàndài shèhuì jìngzhēng jīliè, hěn duō rén lián zìjǐ de qīnrén dōu méiyǒu shíjiān zhàogù, nǐ wèishénme hái yào bú gù yíqiè de shōuliú zhème duō liúlàng xiǎo dòngwù ne? Nǐ shì zěnme xiǎng de?

Zhāng Lǚpíng: Wǒ juéde shēngmìng méiyǒu páixù, dōu yīnggāi zūnzhòng.

Jìzhě: Wèile zhàogù zhèxiē xiǎo dòngwù, nǐ fùchū le zhème duō de xīnxuè, nǐ xiǎng guò yào fàngqì ma?

Zhāng Lǚpíng: Xiǎngqǐ nà duàn zuì kùnnan de rìzi, wǒ juéde zìjǐ kuàiyào huó bu xiàqù le. Dànshì wǒ cónglái méi xiǎng guò yào fàngqì, yě bù kěnéng fàngqì.

Kàndào shàngmiàn zhè duàn duìhuà, nǐ yídìng xiǎng zhīdào Zhāng Lǚpíng shì shuí. Rènshi Zhāng Lǚpíng de rén dōu shuō tā shì yí wèi jiānqiáng、shànliáng, yǒu àixīn de rén. Shí nián qián, Zhāng Lǚpíng bú gù zìjǐ shēn huàn áizhèng, shōuyǎng le wúshù zhī liúlàng de xiǎomāo、xiǎogǒu. Wèile zhèxiē kělián de xiǎo shēngmìng, tā fàngqì le chénggōng de shìyè, quán shēnxīn de tóurù dào dòngwù bǎohù zhōng lái, ①bìng chénglì le guónèi wéiyī de yì jiā mínjiān dòngwù bǎohù jīgòu——Běijīngrén yǔ Dòngwù Jiàoyù Zhōngxīn.

Yí jìn jiàoyù zhōngxīn de yuànzi, jiù kàndào Zhāng Lǚpíng mánglù de shēnyǐng. Tā shēnbiān búduàn de yǒu xiǎomāo xiǎogǒu wéilǒng guòlái, yīwēi zhe bú yuàn líkāi. Tā yíhuìr mōmo zhège, yíhuìr yòu bàobao nàge, xǐhuan de bùdéliǎo. Zhāng Lǚpíng shōuyǎng jiùzhù xiǎo dòngwù de gōngzuò yí gàn jiù jiānchí le shí nián. Mùqián zhōngxīn sìyǎng zhe liǎngbǎi duō zhī xiǎo dòngwù.

Wèile zhàogù zhèxiē xiǎo jiāhuo, Zhāng Lǚpíng jīnglì le wúshù de kùnnan. Tā shuō: "yǒude shíhou lián zìjǐ dōu bù zhīdào míngtiān shìfǒu yǒu fàn chī." Kěshì kànzhe zhème duō kělián wúzhù de xiǎo dòngwù, tā zhǐnéng shuōfú zìjǐ yídìng yào tǐng zhù. Tāmen xūyào tā de bāngzhù.

Zhāng Lǚpíng lèguān de shuō: "②jǐnguǎn chī le hěn duō de kǔ, dànshì xiǎo dòngwùmen yě gěi le wǒ hěn duō huānlè hé ānwèi. Dé áizhèng shí nián le, néng jiānchí dào xiànzài, shì tāmen gěi le wǒ shēnghuó de lìliàng hé zìxìn." Kàn zhe yǎnqián huópō kě'ài de xiǎo jiāhuomen, tā duōme xīwàng néng yǒu gèng duō de rén cānjiā dào zhè **xiàng** shìyè zhōng lái.

3 生词

Vocabulary

1	创办	chuàngbàn	v.	establish
2	专访	zhuānfǎng	n.	interview
3	竞争	jìngzhēng	n.	competition
4	激烈	jīliè	adj.	intense
5	不顾一切	bú gù yí qiè	adv.	regardlessness
6	收留	shōuliú	v.	give shelter to
7	流浪	liúlàng	v.	stray
8	排序	páixù	v.	rank
9	心血	xīnxuè	n.	painstaking effort
10	活	huó	v.	live
11	坚强	jiānqiáng	adj.	strong
12	癌症	áizhèng	n.	cancer
13	可怜	kělián	adj.	pitiful
14	投入	tóurù	v.	invest
15	成立	chénglì	v.	establish
16	唯一	wéiyī	adj.	unique
17	民间	mínjiān	adj.	non-governmental
18	机构	jīgòu	n.	agency
19	忙碌	mánglù	adj.	busy
20	身影	shēnyǐng	n.	figure
21	围拢	wéilǒng	v.	surround
22	依偎	yīwēi	v.	cuddle
23	抱	bào	v.	hug
24	救助	jiùzhù	v.	help
25	饲养	sìyǎng	v.	raise
26	家伙	jiāhuo	n.	friend
27	说服	shuōfú	v.	convince
28	安慰	ānwèi	v.	comfort
29	力量	lìliang	n.	strength
30	自信	zìxìn	n.	confidence
31	项	xiàng	num.	a measure word for jobs, tasks etc.

4 语言点

Language points

1 并

① 副词，加强否定的语气，放在否定词的前边，常用于表示转折的句子中。An adverb emphasizing a negative tone, it is placed before a word of negation and is usually used in a transitional sentence.

(1) 你说的这件事，他<u>并</u>没有告诉我。

(2) 我喜欢唱歌，可是他<u>并</u>不喜欢。

② 连词，表示更进一层，多连接并列的双音节动词。A conjunction used to indicate an additional step; it is usually used in connection with a disyllabic verb.

(1) 会议讨论<u>并</u>通过了今年的工作计划。

(2) 他1985年大学毕业，<u>并</u>留校担任教师。

☞ (3) **她放弃了成功的事业，全身心地投入到动物保护中来，<u>并</u>成立了国内唯一的一家民间动物保护机构——北京人与动物教育中心。**

练一练 Practice

(1) 老师说明天不上课了，<u>并让我通知别的同学</u>。

(2) 他把我的电脑修好了，并_____。

(3) 小张拍了拍我的肩膀，并_____。

(4) 真正_____并_____这场比赛的人不多。

2 尽管

① 副词，表示没有条件限制，可以放心去做。后面的动词一般不能用否定式。As an adverb it indicates that no conditions apply, one can go ahead without worry. The verb which follows usually cannot take the negative form.

(1) 你有什么困难<u>尽管</u>对我说。

(2) 我的房子很大，如果你想来的话，<u>尽管</u>来住吧。

② 连词，表示让步，后一小句用"但是、可是、然而、却"等表示转折的词。As a conjunction it indicates a concession. The clause which follows uses a transitional word such as 但是, 可是, 然而, or 却.

(1) 他<u>尽管</u>身体不好，可是仍然坚持上班。

(2) <u>尽管</u>大家都反对这个计划，我却表示赞同。

☞ (3) **<u>尽管</u>吃了很多的苦，但是小动物们也给了我很多欢乐和安慰。**

练一练 Practice

(1) <u>尽管</u><u>没有什么钱</u>，可他仍然<u>愿意帮助身边有困难的人</u>。

(2) 尽管天气_____，但是气温却_____。

(3) 尽管汉语_____，我却_____。

(4) 尽管_____，父母却_____。

5 根据课文回答下列问题

Answer the questions below according to the text

1. 为什么电视台的记者要采访张吕萍？
2. 张吕萍为流浪的小动物们都做了哪些事情？
3. 小动物们给张吕萍带来了什么？
4. 张吕萍的希望是什么？
5. 简单说说"北京人与动物教育中心"的大概情况。

6 在课文中找出与下列句中画线部分意思相近的词语

Find language in the text which has a similar meaning to the underlined words and expressions below

1. 在父亲的帮助下，第一座希望小学终于在这个贫困的山村建立了。　　　　　
2. 父母去世后，他就被好心的邻居留下了。　　　　　
3. 为了研究这种新药，他花了十年的精力。　　　　　
4. 最让我难忘的是大学那段幸福的时光。　　　　　
5. 因为天气寒冷，所以小动物们都紧紧地靠在一起。　　　　　

7 双人活动

Pair work

请和你的同桌一起谈谈学了这篇文章以后的感受。下列问题可供参考：

Discuss with your partner the feelings you have after studying this article. The questions below are available for reference:

1. 为什么有的人会杀害那些流浪的小动物？
2. 被主人丢弃后的小动物，它们怎么生活？
3. 有些人为什么不喜欢流浪的小动物？
4. 如果你看到有人对小动物很不友好，你会怎么做？

Group work

随着宠物时代的到来,被人类遗弃的动物也越来越多。那么社会和个人该如何面对这个问题呢?请和小组的同学们一起讨论一下,你们有什么好的建议?哪些建议具有可行性,哪些建议实行起来比较困难?原因是什么?

As the age of pets has arrived, more and more animals are being abandoned by humans. So what can communities and individuals do to face this problem? Discuss some suggestions with your group, and decide which are feasible and which may be difficult to achieve. Give reasons for your answers.

建 议 Suggestions	是否可行 Feasibility	原 因 Reasons
1 个人建立动物收养所	不可行	花费太多,也需要大量的时间
2		
3		
4		

第3单元 3

Duōcǎi rénshēng
多彩人生
A Colorful Life

任务介绍 Introduction

　　大自然是五颜六色的，人生也是多姿多彩的。在诸多的颜色中，你最喜欢哪种颜色呢？出于历史文化、风俗习惯的不同，颜色具有不同的意义。在这一单元里，我们将谈到不同的颜色在中国人的生活中具有怎样的象征意义。

　　Both nature and life are awash with color. With so much variety, which color is your favorite? Due to differences in culture and customs throughout history, colors have many different meanings. In this unit, we will explore the symbolism of different colors in the lives of Chinese people.

第 1 课 "颜"外之义有多少?
The Meaning of "Color"

1 热身活动

Warm-up

1. 请看下面图片,说说它们都是什么颜色?你喜欢哪种颜色?并说说原因。Look at the picture below, can you say the names of the different colors? Which do you like, and why?

2. 请你用手中的彩笔把这个小房间变成一个多彩的世界吧。Use colored pens to transform the room below into a world of color.

2 对 话

Conversation

张远：马克，最近一直在忙些什么？

马克：我在**思考**关于中西方语言中**色彩**文化的**差异**问题。通过这段时间的研究，我发现了很多问题，你能给我解释解释吗？

张远：没问题。你说吧。

马克：①**就**红色**来说**吧，在我们国家，红色大多**象征**着**鲜血**的颜色。鲜血是**流**在我们身体内的"生命之**液**"。如果鲜血流完了，生命之花也就**凋谢**了。所以红色常常让我们**联想**到**危险**、**暴力**。但是在中国，红色却表示喜庆、快乐。很多**含**有"红"的词语都表示**积极**的象征意义。

张远：中国人非常喜欢红色。传统节日、结婚、生孩子等喜庆事儿都离不开红色。节日的时候贴红**对联**、挂红**灯笼**，穿红衣服；结婚的时候贴大红喜字、点红蜡烛、**新郎新娘披**红戴花等等。红色还有许多**引申**的象征意义：表示办事非常**顺利**叫"开门红"；受到领导的喜爱和**重视**的人叫"红人"；过年过节时得到的钱叫"红包"；**生意兴隆**叫"红火"；帮助别人介绍**对象**的人叫"红娘"；漂亮的女性朋友叫"红颜**知己**"。

马克：上周末，我的同屋买了一个新手机，我很羡慕。他说我"眼红"了。这个词也是表示好的意思吗？

张远：有些含有"红"字的词②**则**表示**贬义**。**妒忌**别人有了好的东西，我们可以说"眼红"、"红眼病"；表示不好意思、**害羞**，可以说"脸红"；学习生活中遇到了问题和困难，叫"亮红灯"；**欠**了银行的钱，我们可以说……

马克：应该叫"红钱"。

张远：错了，是"赤字"。"赤"也表示"红"的意思。

马克：汉语的**学问**太大了。看来，我还得更努力地学习呀！

Zhāng Yuǎn: Mǎkè, zuìjìn yìzhí zài máng xiē shénme?

Mǎkè: Wǒ zài **sīkǎo** guānyú Zhōng Xī fāng yǔyán zhōng **sècǎi** wénhuà de **chāyì** wèntí. Tōngguò zhè duàn shíjiān de yánjiū, wǒ fāxiàn le hěn duō wèntí, nǐ néng gěi wǒ jiěshì jiěshì ma?

Zhāng Yuǎn: Méi wèntí. Nǐ shuō ba.

Mǎkè: ①<u>Jiù</u> hóngsè <u>lái shuō</u> ba, zài wǒmen guójiā, hóngsè dàduō **xiàngzhēng** zhe **xiānxuè** de yánsè. Xiānxuè shì liú zài wǒmen shēntǐ nèi de "shēngmìng zhī yè". Rúguǒ xiānxuè liú wán le, shēngmìng zhī huā yě jiù **diāoxiè** le. Suǒyǐ hóngsè chángcháng ràng wǒmen **liánxiǎng** dào **wēixiǎn**、**bàolì**. Dànshì zài Zhōngguó, hóngsè què biǎoshì xǐqìng、kuàilè. Hěn duō **hán** yǒu "hóng" de cíyǔ dōu biǎoshì jījí de xiàngzhēng yìyì.

Zhāng Yuǎn: Zhōngguórén fēicháng xǐhuan hóngsè. Chuántǒng jiérì、jiéhūn、shēng háizi děng xǐqìng shìr dōu lí bu kāi hóngsè. Jiérì de shíhou tiē hóng **duìlián**、guà hóng **dēnglong**, chuān hóng yīfu; jiéhūn de shíhou tiē dà hóng xǐzì、diǎn hóng làzhú、**xīnláng xīnniáng** pī hóng dài huā děngděng. Hóngsè háiyǒu xǔduō **yǐnshēn** de xiàngzhēng yìyì: biǎoshì bànshì fēicháng **shùnlì** jiào "kāiménhóng"; shòudào lǐngdǎo de xǐ'ài hé **zhòngshì** de rén jiào "hóngrén"; guònián guòjié shí dédào de qián jiào "hóngbāo"; **shēngyi xīnglóng** jiào "hónghuo"; bāngzhù biérén jièshào **duìxiàng** de rén jiào "hóngniáng"; piàoliang de nǚxìng péngyou jiào "hóngyán zhījǐ".

Mǎkè: Shàng zhōumò, wǒ de tóngwū mǎi le yí ge xīn shǒujī, wǒ hěn xiànmù. Tā shuō wǒ "yǎnhóng" le. Zhège cí yě shì biǎoshì hǎo de yìsi ma?

Zhāng Yuǎn: Yǒuxiē hán yǒu "hóng" zì de cí ②<u>zé</u> biǎoshì **biǎnyì**. Dùjì biérén yǒu le hǎo de dōngxi, wǒmen kěyǐ shuō "yǎnhóng"、"hóngyǎnbìng"; biǎoshì bù hǎoyìsi、**hàixiū**, kěyǐ shuō "liǎnhóng"; xuéxí shēnghuó zhōng yùdào le wèntí hé kùnnan, jiào "liàng hóngdēng"; **qiàn** le yínháng de qián, wǒmen kěyǐ shuō……

Mǎkè: Yīnggāi jiào "hóng qián".

Zhāng Yuǎn: Cuò le, shì "chìzì". "Chì" yě biǎoshì "hóng" de yìsi.

Mǎkè: Hànyǔ de **xuéwen** tài dà le. Kànlái, wǒ hái děi gèng nǔlì de xuéxí ya!

3 生词

Vocabulary

🎧 3-02

1	思考	sīkǎo	v.	think
2	色彩	sècǎi	n.	color
3	差异	chāyì	n.	difference
4	象征	xiàngzhēng	n.	symbol
5	鲜血	xiānxuè	n.	blood
6	流	liú	v.	flow
7	液	yè	n.	liquid
8	凋谢	diāoxiè	v.	wither
9	联想	liánxiǎng	v.	associate
10	危险	wēixiǎn	n.	danger
11	暴力	bàolì	n.	violence
12	含	hán	v.	contain
13	积极	jījí	adj.	active
14	对联	duìlián	n.	couplet
15	灯笼	dēnglong	n.	lantern
16	新郎	xīnláng	n.	groom
17	新娘	xīnniáng	n.	bride
18	披	pī	v.	wear
19	引申	yǐnshēn	adv.	extended
20	顺利	shùnlì	adv.	smoothly
21	重视	zhòngshì	n.	attention
22	生意	shēngyi	n.	business
23	兴隆	xīnglóng	adj.	thriving
24	对象	duìxiàng	n.	another
25	知己	zhījǐ	n.	confidante
26	贬义	biǎnyì	n.	negative connotation
27	妒忌	dùjì	adj.	jealous
28	害羞	hàixiū	adj.	shy
29	欠	qiàn	v.	owe
30	学问	xuéwen	n.	knowledge

4 语言点

Language points

1 就……来说

通过举例子来论述自己的观点或者看法。相当于"拿……来说"。To give your own view or opinion by bringing up examples. It is equivalent to 拿……来说.

(1) 这次考试考得太差了。<u>就</u>英语<u>来说</u>吧，才考了57分。

(2) 北京的春天风很大，<u>就</u>这星期<u>来说</u>，每天都有四五级的大风。

☞ (3) **<u>就</u>红色<u>来说</u>吧，在我们国家，红色大多象征着鲜血的颜色。**

练一练 Practice

(1) 就目前的天气来说，<u>降雨太少，气温变化太快</u>。

(2) 就这次的考试成绩来说，_____。

(3) 就我现在的生活来说，_____。

(4) 就_____来说，_____。

2 则

连词。常用来表示因果方面的联系，也用来表示事物间的对比。It is a conjunction usually used to indicate a causal relationship; it is also used to indicate a contrast between two things.

(1) 孩子总是得不到表扬，<u>则</u>会失去自信心。
(2) 年轻人喜欢晚睡晚起，老年人<u>则</u>不同。
☞ (3) **有些含有"红"字的词<u>则</u>表示贬义。**

练一练 Practice

(1) 哥哥是一个热情似火的人，姐姐则<u>是一个寒冷如冰的人</u>。
(2) 平时我总是在图书馆学习，周末则_____。
(3) 我的口语特别好，听力则_____。
(4) 男孩子喜欢_____，女孩子则_____。

5 根据对话回答下列问题

Answer the questions below according to the conversation

1 马克最近一直在做什么？
2 在马克的国家，红色代表了什么？
3 为什么中国人喜欢红色？
4 说说红色有哪些象征的意义。
5 哪些带有"红"字的词语是表示贬义的？

6 根据对话，把下列内容用线连接起来

Match the items according to the conversation

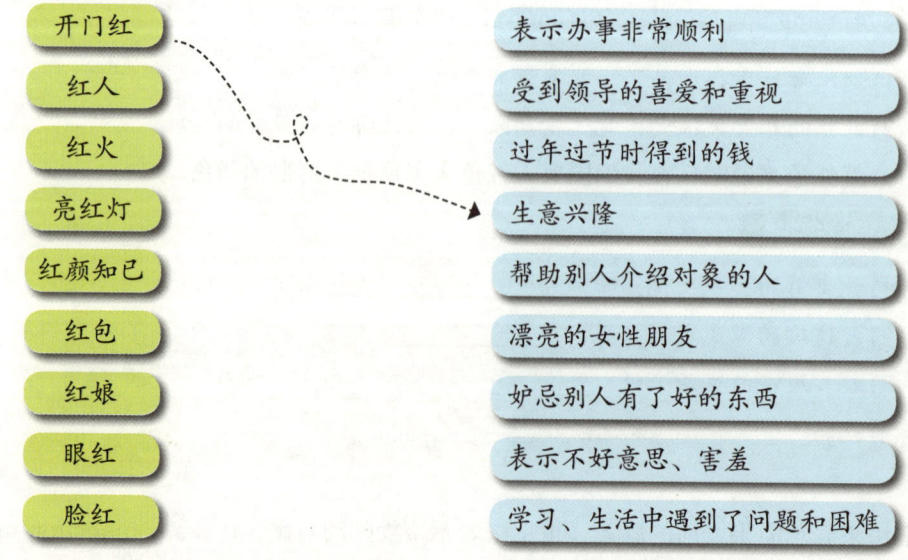

第1课 "颜"外之义有多少？

7 双人活动

Pair work

请和你的同桌讨论一下，在你们的国家，哪些传统文化与风俗习惯是与"红色"有关的。课文中学到的和红色有关的词语，在你们国家是怎么表示的？

Discuss with your partner what the color red is associated with in the traditional culture and customs of your country. In your country, what is the meaning of the expressions in the text which contain the word "red"?

8 小组活动

Group work

红色在生活中的用途是非常广泛的。上面的四幅图中都有红色。3—4人为一组讨论一下，这些红色都代表什么意义，为什么要用红色来表示呢？生活中还有哪些东西常常用到红色？请使用下列常用表达式。

The color red is widely used in daily life. The pictures above all contain the color. In groups of 3–4, discuss what is represented by red in each picture, and why this color is used. Use the expressions below.

常用表达式

1 我认为……
2 就……来说
3 ……的红色可以表示……
4 ……不但可以象征……，还可以象征……
5 为了孩子的……，我们应该……

39

第2课 多彩人生
Duōcǎi rénshēng
A Colorful Life

1 热身活动
Warm-up

1. 看到这些颜色，你会联想到我们日常生活中的哪些事物？Which things from your daily life can you associate with the colors below?

 苹果　鲜血　红旗　兔子的眼睛

2. 请你把下列图片和表示颜色的词语搭配起来组成一个新的词。Choose a character to match each picture below, then add a color to form a new word.

雪白

2 课文

Text

①所谓"多彩世界"、"五彩人生",都是说人们的**实际**生活与颜色分不开。颜色的象征意义在不同文化的语言中有不同的特点。下面我们就来说说几种颜色在汉语言文化中所代表的意义。

在中国的传统文化中,黄色是汉民族崇拜的颜色之一。在古代,黄色是**帝王**的**专用**色,它代表着**权力**。帝王穿的衣服叫"黄袍";他工作的地方叫"金殿";他**下发**的通知叫"黄榜"。中国的古代文明**诞生**于黄河**流域**,黄色的**土地**是人们生活的**保障**,所以人们喜爱黄色。

绿色是植物的生命之色。因此人们用绿色象征生命和春天,象征**安全**和希望,象征**和平**和健康。②比如世界语用绿色做**标志**,表示它有**无限**的生命力;"绿色食品"是指那些没有**污染**的、健康的食品。

汉语中的白色③往往表示**纯洁**和干净。常用"清白"表示一个人没有做过**任何**坏事。但是白色也常常象征着**死亡**。所以中国人在参加**葬礼**的时候要穿白色的衣服。白色也常被用来**描写**人,如**智商**不高的人被**称**为"白痴",没有**良心**的人被称为"白眼狼"。

黑色在中国文化里是一种有神秘感的颜色。在民间**传说**中,很多**英雄**人物都长着一张黑脸,如包公、张飞、李逵等。另一方面黑色给人一种不好的感觉,所以**非法**组织被称为"黑帮";从事非法活动得来的钱被称为"黑钱";**从事**非法买卖的商店叫做"黑店";被国家**禁止**买卖的**货物**叫"黑货"等。

④**由此可见**,色彩与我们的生活有很大关系。⑤**假如**没有了**色彩**,生活就会变得平淡无味。生活如画,需要色彩来**描绘**。

①Suǒwèi "duōcǎi shìjiè"、"wǔcǎi rénshēng", dōu shì shuō rénmen de shíjì shēnghuó yǔ yánsè fēn bu kāi. Yánsè de xiàngzhēng yìyì zài bùtóng wénhuà de yǔyán zhōng yǒu bùtóng de tèdiǎn. Xiàmiàn wǒmen jiù lái shuōshuo jǐ zhǒng yánsè zài Hàn yǔyán wénhuà zhōng suǒ dàibiǎo de yìyì.

Zài Zhōngguó de chuántǒng wénhuà zhōng, huángsè shì Hàn mínzú chóngbài de yánsè zhī yī. Zài gǔdài, huángsè shì dìwáng de zhuānyòng sè, tā dàibiǎo zhe quánlì. Dìwáng chuān de yīfu jiào "huángpáo"; tā gōngzuò de dìfang jiào "jīndiàn"; tā xiàfā de tōngzhī jiào "huángbǎng". Zhōngguó de gǔdài wénmíng dànshēng yú Huánghé liúyù, huángsè de tǔdì shì rénmen shēnghuó de bǎozhàng, suǒyǐ rénmen xǐ'ài huángsè.

Lǜsè shì zhíwù de shēngmìng zhī sè. Yīncǐ rénmen yòng lǜsè xiàngzhēng shēngmìng hé chūntiān, xiàngzhēng ānquán hé xīwàng, xiàngzhēng hépíng hé jiànkāng. ②Bǐrú shìjièyù yòng lǜsè zuò biāozhì, biǎoshì tā yǒu wúxiàn de shēngmìnglì; "lǜsè shípǐn" shì zhǐ nàxiē méiyǒu wūrǎn de、jiànkāng de shípǐn.

Hànyǔ zhōng de báisè ③wǎngwǎng biǎoshì chúnjié hé gānjìng. Cháng yòng "qīngbái" biǎoshì yí ge rén méiyǒu zuò guò rènhé huàishì. Dànshì báisè yě chángcháng xiàngzhēng zhe sǐwáng. Suǒyǐ Zhōngguórén zài cānjiā zànglǐ de shíhou yào chuān báisè de yīfu. Báisè yě cháng bèi yòng lái miáoxiě rén, rú zhìshāng bù gāo de rén bèi chēng wéi "báichī", méiyǒu liángxīn de rén bèi chēng wéi "báiyǎnláng".

Hēisè zài Zhōngguó wénhuà lǐ shì yì zhǒng yǒu shénmìgǎn de yánsè. Zài mínjiān chuánshuō zhōng, hěn duō yīngxióng rénwù dōu zhǎng zhe yì zhāng hēiliǎn, rú Bāo Gōng、Zhāng Fēi、Lǐ Kuí děng. Lìng yì fāngmiàn hēisè gěi rén yì zhǒng bù hǎo de gǎnjué, suǒyǐ fēifǎ zǔzhī bèi chēng wéi "hēibāng"; cóngshì fēifǎ huódòng dé lái de qián bèi chēng wéi "hēiqián"; cóngshì fēifǎ mǎimai de shāngdiàn jiàozuò "hēidiàn"; bèi guójiā jìnzhǐ mǎimài de huòwù jiào "hēihuò" děng.

④Yóu cǐ kě jiàn, sècǎi yǔ wǒmen de shēnghuó yǒu hěn dà guānxi. ⑤Jiǎrú méiyǒu le sècǎi, shēnghuó jiù huì biàn de píngdàn wúwèi. Shēnghuó rú huà, xūyào sècǎi lái miáohuì.

3 生词

Vocabulary

1	实际	shíjì	adj.	practical
2	帝王	dìwáng	n.	emperor
3	专用	zhuānyòng	adj.	exclusive
4	权力	quánlì	n.	authority
5	下发	xiàfā	v.	issue
6	诞生	dànshēng	v.	emerge

7	流域	liúyù	n.	river basin	20	智商	zhìshāng	n.	IQ
8	土地	tǔdì	n.	earth	21	称	chēng	v.	call
9	保障	bǎozhàng	v.	guarantee	22	良心	liángxīn	n.	conscience
10	安全	ānquán	n.	safety	23	传说	chuánshuō	n.	legend
11	和平	hépíng	n.	peace	24	英雄	yīngxióng	n.	hero
12	标志	biāozhì	n.	symbol	25	非法	fēifǎ	adj.	illegal
13	无限	wúxiàn	adj.	unlimited	26	从事	cóngshì	v.	engage in
14	污染	wūrǎn	n.	pollution	27	禁止	jìnzhǐ	v.	forbid
15	纯洁	chúnjié	adj.	pure	28	货物	huòwù	n.	goods
16	任何	rènhé	adv.	any	29	假如	jiǎrú	conj.	if
17	死亡	sǐwáng	n.	death	30	平淡	píngdàn	adj.	dull
18	葬礼	zànglǐ	n.	funeral	31	色彩	sècǎi	n.	color
19	描写	miáoxiě	v.	describe	32	描绘	miáohuì	v.	depict

注 释 Notes：

1. 包公：中国古代历史人物。因为为人正直，不怕权贵，清正廉洁，被百姓称为"包青天"。他的故事被后人改编为小说、戏剧等，包公成为家喻户晓的历史名人。Bao Gong is a person from ancient Chinese history. As a man of integrity, he didn't fear the powerful and was honest and upright, he thus became known among the common people as "Clear Sky Bao". Bao Gong's story was later adapted into novels and plays, and so he became a historical household name.

2. 张飞：三国时期著名的历史人物，勇猛善战，武艺超群。他的故事被后人广泛流传。在很多戏曲故事中，把张飞描写成一个黑脸大汉。A famous man from the Three Kingdoms period of history. Due to his chivalry and superior martial arts skill, his story was widely circulated after his death. In many drama stories, Zhang Fei is depicted as a black-faced warrior.

3. 李逵：李逵是中国古代小说《水浒传》中的一位重要人物。他为人鲁莽、心粗胆大，却率直忠诚、不好钱财，是一个正直的人物形象。Li Kui is an important character in the ancient Chinese novel "The Water Margin". He was reckless and had a coarse and bold manner, but was straightforward, loyal, and did not look for money. He was an honest figure.

第3单元 多彩人生

Language points

1 所谓

即"所说的……"，后边常常是对前边的解释和说明。In other words 所说的……, it is usually followed by an explanation of that which preceded.

(1) 所谓"网购"，是指通过互联网购买商品。

(2) 所谓"漂亮"，每个人都有自己不同的标准。

☞(3) **所谓"多彩世界"、"五彩人生"，都是说人们的实际生活与颜色分不开。**

> **练一练 Practice**
>
> (1) 所谓"博客"，中文的意思就是"网络日记"。
> (2) 所谓"红包"，是指＿＿＿＿＿。
> (3) 所谓"红眼病"，是说那些＿＿＿＿＿的人。
> (4) 所谓"＿＿＿＿＿"，意思是＿＿＿＿＿。

2 比如

动词。举例时的发端语。也可以用来表示假设情况。It is a verb used when giving an example of the original point. It can also be used to introduce a hypothetical situation.

常用表达式：……，比如……

(1) 我很喜欢运动，比如打球、游泳、爬山什么的。

(2) 有的老师对学生特别好，比如我们语法课的张老师。

☞(3) **绿色是植物的生命之色……比如世界语用绿色做标志，表示它有无限的生命力。**

> **练一练 Practice**
>
> (1) 我有很多爱好，比如唱歌、玩电脑游戏、看电影……
> (2) 手机给我们的生活带来很多方便，比如＿＿＿＿＿、＿＿＿＿＿、＿＿＿＿＿。
> (3) 经济快速发展也会影响我们的生活，比如＿＿＿＿＿、＿＿＿＿＿。
> (4) ＿＿＿＿＿，比如＿＿＿＿＿、＿＿＿＿＿。

3 往往

副词。表示某种情况经常出现。As an adverb it indicates that a certain situation often appears.

(1) 每到节日的时候，他往往会给家里寄点儿钱。

(2) 年轻人往往喜欢开夜车。

☞(3) **汉语中的白色往往表示纯洁和干净。**

练一练 Practice

(1) 工作忙的时候，他往往<u>忘记了休息</u>。
(2) 遇到困难的时候，我往往_____。
(3) 当一个人非常生气的时候，他往往会_____。
(4) 当心情_____的时候，我往往_____。

4 由此可见

由一件事物可以推断或判定出另一个有关该事物的结论，通常用于对一个人的评价。It means that from one thing, the conclusion of another related matter can be inferred or determined; it is often used to evaluate a person.

(1) 上课迟到、经常缺课、作业不写，<u>由此可见</u>，他对学习一点儿也不感兴趣。
(2) 住房面积扩大，工资收入增加，<u>由此可见</u>，人民的生活水平提高了。
☞ (3) **由此可见，色彩与我们的生活有很大关系。**

练一练 Practice

(1) 他把自己最喜欢的东西都送给了我，由此可见<u>他对我有多好</u>。
(2) _____来中国以后，我整整长胖了十斤，由此可见_____。
(3) 只学习了六个月的汉语，他就通过了新HSK五级考试，由此可见_____。
(4) _____，由此可见_____。

5 假如……就……

连词。表示假设，用法同"如果、假使、如"。用于前一小句时，后一小句一般推断出结论或提出问题。也可用于后一小句，多用于书面语。A conjunction which indicates a hypothesis, it is used in the same way as 如果, 假使 and 如. When used in a preceding clause, the following clause infers a conclusion or asks a question. In written language, it can also be used in a following clause.

常用表达式：**假如A，B就……**

(1) <u>假如</u>电脑有什么问题，我们可以随时给您修。
(2) 他今天应该到了，<u>假如他昨天就</u>动身的话。
☞ (3) **假如没有了色彩，生活就会变得平淡无味。**

练一练 Practice

(1) 假如你明天<u>有时间，就给我打个电话吧</u>。
(2) 假如明天天气_____，我们就_____。
(3) 假如你的心情_____，你就应该_____。
(4) 假如_____，我就_____。

5 根据课文回答下列问题

Answer the questions below according to the text

1. 在中国的古代，一般人可以用黄色吗？为什么？
2. 世界语为什么用绿色做标志？
3. 说说"清白"这个词的意思是什么？
4. 如果一个人比较傻，我们常常把他叫做什么？
5. 举例说说色彩与我们的生活都有哪些关系？

6 根据课文，把下列内容用线连接起来

Match the items below according to the text

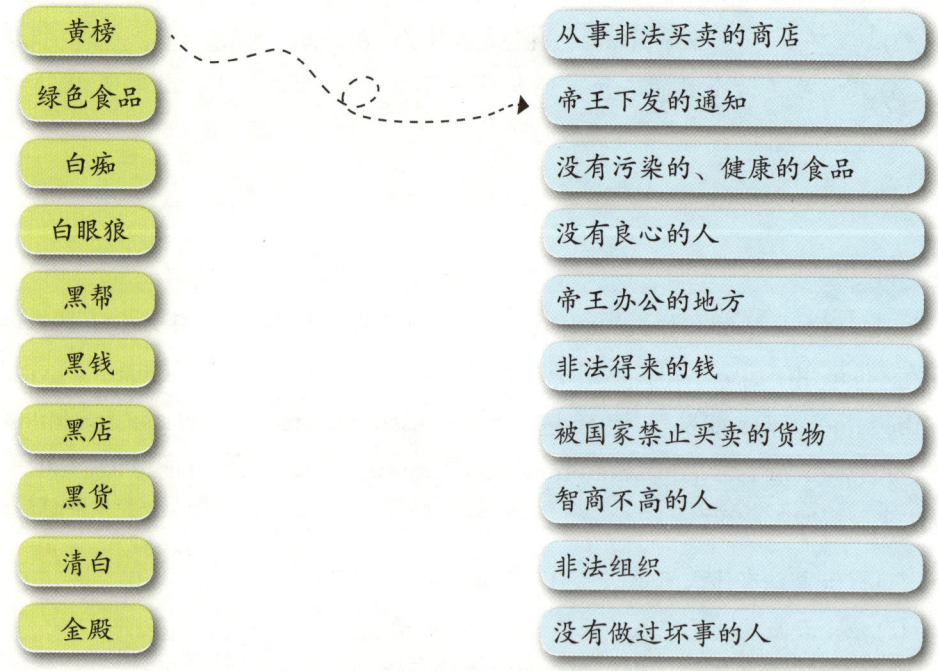

黄榜	从事非法买卖的商店
绿色食品	帝王下发的通知
白痴	没有污染的、健康的食品
白眼狼	没有良心的人
黑帮	帝王办公的地方
黑钱	非法得来的钱
黑店	被国家禁止买卖的货物
黑货	智商不高的人
清白	非法组织
金殿	没有做过坏事的人

7 双人活动

Pair work

请和你的同桌一起调查一下周围的同学们，看看他们都喜欢哪种颜色？喜欢的原

因是什么？把收集到的数据做一个统计表，并简单地分析一下结果。

With your partner, conduct a survey of your classmates to find out which colors they like and why. Make a table using the data collected, and carry out a basic analysis of the results.

Group work

有专家说，衣服的颜色能直接反映出人的心理和性格，对于女性来说尤其明显。请3—4名同学为一组，谈谈你们最喜欢选择什么颜色的衣服，并参照下表，看看表中所描述的性格哪些与你们相符，哪些不相符。

Some experts say that the color of clothing directly reflects a person's mood and character, and this is particularly evident in women. In groups of 3–4, discuss your favorite colors of clothing, then refer to the table below and see if the description of character accurately describes you or not.

红色	热情，乐观，做事积极主动，不愿意认输，不喜欢听别人的意见，生活中常常感到不满足，有冒险（mǎoxiǎn）精神，喜欢时尚，但性情多变，很容易生气
黄色	天真，快乐，生活中比较冷静，对自己充满信心，非常希望得到别人的表扬，从外表上看很温柔，其实内心很好强
蓝色	温柔善良，对人真诚，容易受别人的影响，所以很容易受伤害，喜欢浪漫的爱情，重视友情，不在乎为朋友花钱
绿色	有爱心，喜欢孩子，做事很小心，害怕冒险，不喜欢改变现状，性格内向，心里的想法不愿意告诉别人
黑色	分为两种不同的类型，有的人老实、朴素、不喜欢引人注意，有的人却喜欢引起别人的注意，不喜欢让别人看出自己的感情，但喜欢被别人关心和照顾
白色	诚实，有责任感，不追求漂亮的外表，但注重内心的感情，常常让人觉得不热情，不容易接近，她们对自己的身材和美丽很有自信，恋爱时很少会先向对方表达爱意

第4单元

Xiǎo rénwù, dà mèngxiǎng
小人物，大梦想
Ordinary People, Big Dreams

任务介绍 Introduction

很多人从很小的时候就开始做着"明星梦"。他们迷恋着自己心目中的明星，同时也希望自己有一天变成明星。很多娱乐节目给这些年轻人提供了这样的机会。在这一单元里，我们首先会听到以选秀节目出道的男明星马天宇谈他的成名经历，然后一起聊聊这类选秀节目对年轻人的人生会产生什么样的影响。

Many people begin to pursue their dream of stardom from a very young age. They are obsessed with their favorite stars and wish one day to become one themselves. A large number of reality TV shows provide young people with this kind of opportunity. In this unit, we will first listen to the male talent show star Ma Tianyu talk about his experience of becoming famous, then we will discuss how this type of show can affect the lives of young people.

第 1 课 心若在，梦就在
Xīn ruò zài, mèng jiù zài

If the Heart Exists, the Dream Exists

1 热身活动

Warm-up

1. 图片中的人物都是世界"名人"，你知道他们都是谁吗？The pictures below show some famous people from around the world, do you know their names?

1. _____

2. _____

3. _____

4. _____

5. _____

6. _____

2. 这些人中有没有你心目中的偶像？如果没有，请说说你心中的偶像是谁？并简单介绍一下这位明星。Is your favorite star among those pictured above? If not, can you say the name of your favorite, and can you give a brief introduction of him/her?

第4单元 小人物，大梦想

2 课文

Conversation

马天宇，1986年7月12日出生于山东省。2006年通过《加油！好男儿》选秀**节目**出道，成为大家喜爱的男艺人。

主持人：天宇你好。从06年参加《加油！好男儿》的选秀活动一直到现在，你**不断**地出**专辑**和**写真作品**，你有没有觉得这一年是你**人生**很重要的一个**转变**？

马天宇：人生的转变是**早晚**要**面对**的。**作为**艺人，你眼前就是一条非常辛苦的路。我每天跟工作人员说"累死了，累死了"，这已经成了**口头禅**。其实说①归说，该做的事还得认真去做。

主持人：在整个选秀比赛过程中，你一直是网络上**支持率**最高的**选手**。但是有很多人②**把**你**看作偶像派**的歌手，你会不会觉得有一些压力？可能他们认为你距离**实力派**歌手还有一段距离。

马天宇：我不怕大家说我是偶像、花样美男。因为我觉得年轻人的实力都是一点点**积累**起来的。长得好看又不是我的错，这是**爸妈**给我的，所以我觉得**无所谓**。我相信经过努力，大家一定会看到一个越来越好的我。

主持人：有时候**一夜成名**可能会对一个人的发展有**推动力**，但是③**不利于**他的长久发展，甚至会对他的**心态**产生一些影响。你认为呢？

马天宇：我还好。虽然有点儿小**名气**了，但心态没有特别大的变化。

主持人：通过选秀活动可以让更多的选手被大家认识。但是随着越来越多地选秀活动出现，旧的选手可能很快会被大家忘记。你有这个方面的**担忧**吗？

马天宇：我并不希望大家把我仅仅看作选秀艺人。在台湾、香港，有很多艺人是通过选秀**获得**机会，**最终**成为很有**成就**的人。我也希望通过努力，④<u>使自己成为</u>一名**优秀**的艺人。

主持人：感谢天宇，也感谢各位网友给我们这么多的留言，希望大家一**如既往**地关心和支持天宇。

  Mǎ Tiānyǔ, yījiǔbāliù nián qīyuè shí'èr rì chūshēng yú Shāndōngshěng. Èrlínglíngliù nián tōngguò《Jiāyóu! Hǎonán'ér》xuǎnxiù jiémù chūdào, chéngwéi dàjiā xǐ'ài de nán yìrén.

Zhǔchírén: Tiānyǔ nǐ hǎo. Cóng línglìù nián cānjiā《Jiāyóu! Hǎonán'ér》de xuǎnxiù huódòng yìzhí dào xiànzài, nǐ **búduàn** de chū **zhuānjí** hé **xiězhēn zuòpǐn**, nǐ yǒu méi yǒu juéde zhè yì nián shì nǐ **rénshēng** hěn zhòngyào de yí ge **zhuǎnbiàn**?

Mǎ Tiānyǔ: Rénshēng de zhuǎnbiàn shì **zǎowǎn** yào **miànduì** de. Zuòwéi yìrén, nǐ yǎnqián jiùshì yì tiáo fēicháng xīnkǔ de lù. Wǒ měitiān gēn gōngzuò rényuán shuō "lèi sǐ le, lèi sǐ le", zhè yǐjīng chéng le **kǒutóuchán**. Qíshí shuō ①<u>guī</u> shuō, gāi zuò de shì hái děi rènzhēn qù zuò.

Zhǔchírén: Zài zhěngge xuǎnxiù bǐsài guòchéng zhōng, nǐ yìzhí shì wǎngluò shàng **zhīchí** lǜ zuì gāo de **xuǎnshǒu**. Dànshì yǒu hěn duō rén ②<u>bǎ nǐ kànzuò</u> ǒuxiàng pài de gēshǒu, nǐ huì bu huì juéde yǒu yìxiē yālì? Kěnéng tāmen rènwéi nǐ **jùlí shílì** pài gēshǒu hái yǒu yí duàn jùlí.

Mǎ Tiānyǔ: Wǒ bú pà dàjiā shuō wǒ shì ǒuxiàng, huāyàng měinán. Yīnwèi wǒ juéde niánqīngrén de shílì dōu shì yìdiǎndian **jīlěi** qǐlái de. Zhǎng de hǎokàn yòu bú shì wǒ de cuò, zhè shì **diē mā** gěi wǒ de, suǒyǐ wǒ juéde **wúsuǒwèi**. Wǒ xiāngxìn jīngguò nǔlì, dàjiā yídìng huì kàndào yí ge yuèláiyuè hǎo de wǒ.

Zhǔchírén: Yǒushíhou **yí yè chéngmíng** kěnéng huì duì yí ge rén de fāzhǎn yǒu **tuīdònglì**, dànshì ③<u>bú lìyú</u> tā de chángjiǔ fāzhǎn, shènzhì huì duì tā de **xīntài** chǎnshēng yìxiē yǐngxiǎng. Nǐ rènwéi ne?

Mǎ Tiānyǔ: Wǒ hái hǎo. Suīrán yǒu diǎnr xiǎo **míngqi** le, dàn xīntài méiyǒu tèbié dà de biànhuà.

Zhǔchírén: Tōngguò xuǎnxiù huódòng kěyǐ ràng gèng duō de xuǎnshǒu bèi dàjiā rènshí. Dànshì suízhe yuèláiyuè duō de xuǎnxiù huódòng chūxiàn, jiù de xuǎnshǒu kěnéng hěn kuài huì bèi dàjiā wàngjì. Nǐ yǒu zhège fāngmiàn de **dānyōu** ma?

Mǎ Tiānyǔ: Wǒ bìng bù xīwàng dàjiā bǎ wǒ jǐnjǐn kànzuò xuǎnxiù yìrén. Zài Táiwān、Xiānggǎng, yǒu hěn duō yìrén shì tōngguò xuǎnxiù **huòdé** jīhuì,

第4单元 小人物，大梦想

zuìzhōng chéngwéi hěn yǒu chéngjiù de rén. Wǒ yě xīwàng tōngguò nǔlì, ④shǐ zìjǐ chéngwéi yì míng yōuxiù de yìrén.

Zhǔchírén: Gǎnxiè Tiānyǔ, yě gǎnxiè gè wèi wǎngyǒu gěi wǒmen zhème duō de liúyán, xīwàng dàjiā yì rú jì wǎng de guānxīn hé zhīchí Tiānyǔ.

 4-02

Vocabulary

1	节目	jiémù	n.	program
2	不断	búduàn	adv.	constantly
3	专辑	zhuānjí	n.	album
4	作品	zuòpǐn	n.	works
5	人生	rénshēng	n.	life
6	转变	zhuǎnbiàn	v.	change
7	早晚	zǎowǎn	adv.	sooner or later
8	面对	miànduì	v.	face
9	作为	zuòwéi	prep.	as
10	口头禅	kǒutóuchán	n.	pet phrase
11	支持	zhīchí	v.	support
12	率	lù	n.	rate
13	选手	xuǎnshǒu	n.	contestant
14	偶像	ǒuxiàng	n.	idol
15	派	pài	n.	type
16	实力	shílì	n.	strength
17	积累	jīlěi	v.	accumulate
18	爹	diē	n.	father
19	无所谓	wúsuǒwèi	v.	doesn't matter
20	一夜成名	yí yè chéngmíng		become famous overnight
21	推动力	tuīdònglì	n.	driving force
22	心态	xīntài	n.	mentality
23	名气	míngqi	n.	fame
24	担忧	dānyōu	n.	worry
25	获得	huòdé	v.	achieve
26	最终	zuìzhōng	n.	in the end
27	成就	chéngjiù	n.	successful
28	优秀	yōuxiù	adj.	outstanding
29	一如既往	yì rú jì wǎng		always

注 释 Notes：

1 选秀：指选拔在某方面表现优秀的人的一种活动。中国自古就有选秀活动。古代选秀一般是为宫廷挑选漂亮、优秀的女人。现在，中国大陆举行的各种有目的的评选活动，也被称为选秀，如"快乐男声、花儿朵朵、超级女生、世界模特大赛"等。This refers to a kind of activity which aims to select someone with its great ability. China has organized competitions for such people since ancient times, when the competitions were usually arranged for the palace to select beautiful and outstanding women. Nowadays, the Chinese mainland holds all kinds of activities to find talent, such as Super Boy, Blossoming

Flowers, Super Girl and World Model Contest.

2　出道：指年轻人走上社会，能独立工作和生活。This refers to young people entering society, able to live and working independently.

3　艺人：是指那些利用自己本身的技艺与才能来娱乐他人，以赚取报酬的人。艺人可以包括多种娱乐工作者，例如歌手、演员、模特儿、舞者等都属于艺人。This refers to a person who uses their own skills and talents to entertain others, and thus earn rewards. "Artists" include many kinds of entertainer, such as singers, actors, models and dancers.

4　写真：在汉语中的本义是画人物的肖像，它是中国肖像画的传统名称。写真画追求形象逼真，不管是山水画还是人物画都要达到"真"的效果。现在的艺术摄影，俗称艺术照写真集。The original Chinese meaning of this word was to paint a person's portrait, and is the traditional name for a portrait. Portraiture is the pursuit of a realistic image, whether painting scenery or a person, the key is to achieve the result of realism. Nowadays, artistic photography is commonly referred to as 写真.

4 语言点

Language points

1 归

动词。用在相同的动词之间，表示该动作并没有引起相应的结果。This is a verb used between two identical verbs to indicate that the result was not affected by the action.

常用表达式：

(1) 王老师经常批评大卫，但是批评归批评，王老师还是挺喜欢大卫的。

(2) 哭归哭，哭完了还得继续工作。

(3) **其实说归说，该做的事还得认真去做。**

练一练 Practice

(1) 小王很喜欢玩电脑，可是玩归玩，他却从不会影响工作。

(2) 我不想结婚，可是不想归不想，_____。

(3) _____归_____，_____归_____，
　　光说不做可是不行的呀。

(4) 父母都爱自己的孩子，可是_____归_____，_____。

2 把……看作……

表示介词"把"的宾语变化的结果。谓语动词后常用"作、成、为"等补语。This means that the object of the preposition 把 has a change of status, and the result is presented. The predicate verb is usually followed by a complement such as 作, 成, or 为.

(1) 我把她看作我最好的朋友。

(2) 他总是把别人的困难看作自己的困难，想办法去解决。

☞ (3) 有很多人把你看作偶像派的歌手，你会不会觉得有一些压力？

练一练 Practice

(1) 很多人把狗看作宠物来喂养。

(2) 他把＿＿＿＿＿＿看作＿＿＿＿＿＿，有困难的时候就来找我。

(3) 学生常常把＿＿＿＿＿＿看作＿＿＿＿＿＿，有什么心里话都想告诉他们。

(4) 不要把＿＿＿＿＿＿看作＿＿＿＿＿＿，因为＿＿＿＿＿＿。

3 不利于

指"对……没有好处"，表示肯定时用"有利于……"。This is equivalent to 对……有好处, and the negative form is 不利于……。

(1) 早睡早起，有利于身体健康。

(2) 抽烟喝酒都不利于健康。

☞ (3) 一夜成名可能会对一个人的发展有推动力，但是不利于他的长久发展。

练一练 Practice

(1) 经常鼓励孩子，有利于培养孩子的自信心。

(2) 多吃水果和蔬菜，有利于＿＿＿＿＿＿。

(3) 经常玩电脑，不利于＿＿＿＿＿＿。

(4) ＿＿＿＿＿＿，有利于＿＿＿＿＿＿。

4 使……成为

表示"致使、让、叫"。"使"后要带兼语。This means making someboby become……. 使 is followed by a double predicate structure.

(1) 我要不断地努力，使自己成为班里最优秀的学生。

(2) 大家的帮助，使他从落后成为先进。

☞ (3) 我也希望通过努力，使自己成为一名优秀的艺人。

练一练 Practice

(1) 养成好的生活习惯，才能使自己成为一个健康的人。

(2) 因为工作积极努力，使＿＿＿＿＿＿成为了＿＿＿＿＿＿。

(3) 父母的去世，使＿＿＿＿成为了＿＿＿＿。
(4) ＿＿＿＿使我们成为了＿＿＿＿。

5 根据对话回答下列问题

Answer the questions below according to the conversation

1 马天宇最近在忙些什么？
2 偶像派歌手和实力派歌手有什么不同？
3 马天宇担心自己被别人当做偶像派歌手吗？
4 主持人觉得选秀节目会对艺人有什么影响？
5 马天宇为什么不希望大家把他看作选秀艺人？

6 根据对话，把下面的对话补充完整

Complete the dialogue below according to the conversation

主持人：	天宇，你觉得艺人的生活辛苦吗？
马天宇：	＿＿＿＿＿＿＿＿＿＿＿＿。（当然……，但是说归说……）
主持人：	很多人都把你当做偶像派歌手，你是怎么认为的？
马天宇：	＿＿＿＿＿＿＿＿＿＿＿＿。（无所谓｜只要……就……）
主持人：	"一夜成名"会对年轻人的心态产生影响，你是怎么看的？
马天宇：	＿＿＿＿＿＿＿＿＿＿＿＿。（虽然……，但是……）
主持人：	作为选秀艺人是很容易被大家忘记的，你有这方面的担心吗？
马天宇：	＿＿＿＿＿＿＿＿＿＿＿＿。（并不｜使……成为）

7 双人活动

Pair work

根据对话内容，先总结马天宇的基本情况，然后和你的同桌一起简单地叙述一

第4单元 小人物，大梦想

下，并谈谈你们对"一夜成名"的选秀艺人的看法。

According to the content of the conversation, first summarize Ma Tianyu's story, then briefly discuss it with your partner. In addition, share your thoughts on "overnight stars".

8 小组活动

Group work

随着独生子女越来越多，很多家长怀着"望子成龙"的心态，让孩子很小的时候就参加各种兴趣班，比如唱歌、画画、舞蹈、乐器等等。周末和假期的时候，本该让孩子们玩耍的时间却被大量的兴趣班占用。你觉得这样做对孩子好吗？3—4人一组进行讨论。请使用下列常用表达式。

With the increasing number of only children, many parents have taken on the mentality of 望子成龙 (hoping their children will have a bright future), and are sending children of a very young age to special interest classes to learn things such as singing, painting, dance and musical instruments. These classes reduce the amount of time that children have for play during weekends and holidays. Do you think this is good for children? Discuss this issue in groups of 3–4, and use the expressions below.

常用表达式

1 我认为……
2 不应该把……当做……
3 ……仅仅是
4 不考虑会使孩子……
5 ……不利于……

第2课 选秀——梦开始的地方
Xuǎnxiù —— mèng kāishǐ de dìfang
The Contest — Where the Dream Begins

Warm-up

1. 随着电视台选秀节目的增多，越来越多的人实现了自己的明星梦。你认为这些选手应该具备哪些条件才能在选秀节目中"一夜成名"？With the increasing number of talent shows on TV, more and more people are realizing their dreams of stardom. Which abilities do you think contestants need most to become an "overnight star" on a talent show?

年轻	漂亮	有钱	有能力
有家庭背景	有经验	努力	喜欢合作

2. 请把上述所列出的条件按照重要性进行排序，并说说你这样排序的原因。还有哪些其他影响因素，也请补充说明。Rank the ideas given in the pictures above in order of importance and give reasons for your choices. Think of other factors which influence success and explain your thoughts.

Text

🎧 4-03

前一天晚上，人们还坐在电视机前看着几个年轻女孩子为音乐的**梦想**追逐着；而第二天早上，人们**谈论**的则是**歌坛冉冉升起**的一位新星。

57

谁也不可**否认**，李宇春几乎就是一夜之间成为"粉丝"们**追逐**的**焦点**的。出道已经几年了，**至今**李宇春的父亲还无法接受女儿一夜成名的事实："她①<u>不过</u>就是个爱唱歌的小女孩<u>而已</u>，怎么就突然成了偶像呢？"

在这个"快餐"社会，一个偶像的诞生，可以不用像老**前辈**那样，为了成名不得不离开家，**耗费**十几年的**青春**；一个偶像的诞生，②<u>**仅仅**需要填一张**表格**、排队唱歌、参加一轮又一轮的淘汰，前后不过小半年的时间。只要你能在每一轮的比赛中获胜，不需要太多的**奋斗**，自然就有人来**捧**你！这样的成名**速度**，③<u>恐怕是所有做着明星梦的人所追求的吧。

看看整个选秀历史，大多数选秀明星都是**昙花一现**。在失去了明星的**光环**之后，他们④<u>仍旧</u>回到了普通人的生活中。保持大红大紫的太少了。那么这种选秀节目它的真正意义何在呢？

从最早的选秀节目"超级女声"一直到现在，我们慢慢明白：选秀，其实选的是梦想。无论是男人还是女人，无论比的是**舞蹈**还是唱歌，当你站在**舞台**上，你就会明白，选秀是你梦想开始的地方。而在台下的我们，在电视机前的我们，在**娱乐**杂志前的我们也会明白，这些舞台**属于**他们，同时也属于我们。我们**或许**在**未来**的某一天，也会站到这个舞台上去。或许这个舞台不会带来多大的财富和社会地位，但它能让我们在最后**回首**这一生的时候说，我**曾经实现**过我的梦想。

Qián yì tiān wǎnshang, rénmen hái zuò zài diànshìjī qián kàn zhe jǐ ge niánqīng nǚháizi wèi yīnyuè de **mèngxiǎng** zhuīzhú zhe; ér dì èr tiān zǎoshang, rénmen **tánlùn** de zé shì **gētán rǎnrǎn shēngqǐ** de yí wèi **xīnxīng**.

Shuí yě bù kě **fǒurèn**, Lǐ Yǔchūn jīhū jiù shì yí yè zhījiān chéngwéi "fěnsī" men **zhuīzhú** de **jiāodiǎn** de. Chūdào yǐjīng jǐ nián le, **zhìjīn** Lǐ Yǔchūn de fùqin hái wúfǎ jiēshòu nǚ'ér yí yè chéngmíng de shìshí: "tā①<u>búguò</u> jiù shì ge ài chànggē de xiǎo nǚhái <u>éryǐ</u>, zěnme jiù tūrán chéng le ǒuxiàng ne?"

Zài zhè ge "kuàicān" shèhuì, yí ge ǒuxiàng de dànshēng, kěyǐ bú yòng xiàng lǎo **qiánbèi** nàyàng, wèile chéngmíng bù dé bù líkāi jiā, **hàofèi** shí jǐ nián de **qīngchūn**; yí ge ǒuxiàng de dànshēng, ②<u>**jǐnjǐn**</u> xūyào tián yì zhāng **biǎogé**、páiduì chànggē、cānjiā yì lún yòu yì lún de táotài, qiánhòu búguò xiǎo bàn nián de shíjiān. Zhǐyào nǐ néng zài měi yì lún de bǐsài zhōng huòshèng, bù xūyào tài duō de **fèndòu**, zìrán jiù yǒu rén lái **pěng** nǐ! Zhèyàng de chéngmíng **sùdù**, ③**kǒngpà** shì suǒyǒu zuò zhe míngxīng mèng de rén suǒ zhuīqiú de ba.

　　Kànkan zhěnggè xuǎnxiù lìshǐ, dàduōshù xuǎnxiù míngxīng dōu shì **tánhuā yí xiàn**. Zài shīqù le míngxīng de **guānghuán** zhīhòu, tāmen ④**réngjiù** huídào le pǔtōng rén de shēnghuó zhōng. Bǎochí dà hóng dà zǐ de tài shǎo le. Nàme zhèzhǒng xuǎn xiù jiémù tā de zhēnzhèng yìyì hézài ne?

　　Cóng zuì zǎo de xuǎnxiù jiémù "Chāojí Nǚshēng" yìzhí dào xiànzài, wǒmen mànman míngbai: xuǎnxiù, qíshí xuǎn de shì mèngxiǎng. Wúlùn shì nánrén háishi nǚrén, wúlùn bǐ de shì **wǔdǎo** háishi chànggē, dāng nǐ zhàn zài **wǔtái** shàng, nǐ jiù huì míngbai, xuǎnxiù shì nǐ mèngxiǎng kāishǐ de dìfang. Ér zài tái xià de wǒmen, zài diànshìjī qián de wǒmen, zài **yúlè** zázhì qián de wǒmen yě huì míngbai, zhèxiē wǔtái **shǔyú** tāmen, tóngshí yě shǔyú wǒmen. Wǒmen **huòxǔ** zài **wèilái** de mǒu yì tiān, yě huì zhàn dào zhège wǔtái shàng qù. Huòxǔ zhège wǔtái bú huì dàilái duō dà de cáifù hé shèhuì dìwèi, dàn tā néng ràng wǒmen zài zuìhòu **huíshǒu** zhè yìshēng de shíhou shuō, wǒ **céngjīng shíxiàn** guò wǒ de mèngxiǎng.

4-04

Vocabulary

1	梦想	mèngxiǎng	n.	dream
2	谈论	tánlùn	v.	discuss
3	歌坛	gētán	n.	music scene
4	冉冉升起	rǎnrǎn shēngqǐ		rise
5	否认	fǒurèn	v.	deny
6	追逐	zhuīzhú	v.	pursue
7	焦点	jiāodiǎn	n.	focus
8	至今	zhìjīn	adv.	so far
9	前辈	qiánbèi	n.	senior
10	耗费	hàofèi	v.	consume
11	青春	qīngchūn	n.	youth
12	表格	biǎogé	n.	table
13	奋斗	fèndòu	v.	struggle
14	捧	pěng	v.	flatter
15	速度	sùdù	n.	speed
16	昙花一现	tánhuā yí xiàn		short-lived
17	光环	guānghuán	n.	aura
18	舞蹈	wǔdǎo	n.	dance
19	舞台	wǔtái	n.	stage
20	娱乐	yúlè	n.	entertainment
21	属于	shǔyú	v.	belong
22	或许	huòxǔ	adv.	perhaps
23	未来	wèilái	n.	future
24	回首	huíshǒu	v.	look back
25	曾经	céngjīng	adv.	once
26	实现	shíxiàn	v.	achieve

第4单元 小人物，大梦想

> **注 释 Note:**
>
> 粉丝：粉丝是英语"fans"的谐音，"fan"是指运动、音乐、电影等的爱好者。也可以理解为"……迷"。从此这一群体便拥有了一个新的名词——"粉丝"。这个名词不仅生动，而且充满了时尚的气息。粉丝 is a homonym of the English word "fans". "Fan" refers to a follower of entertainment such as sport, music or movies, and can also be understood as ……迷. From this group has emerged a new word 粉丝. This noun is not only vivid, but also filled with an air of fashion.

Language points

1 不过……而已

指明范围，把事情往小或往轻的方面说。前后常有说明或解释的词语。句末常用"罢了、而已、就是了"等词语。This expression specifies a range, indicating something to be smaller, lighter, or younger in some aspect. An explanatory clause usually precedes or follows the phrase. Words such as 罢了, 而已 or 就是了 are usually used at the end of the sentence.

(1) 我不太了解具体情况，<u>不过</u>随便说说<u>而已</u>。

(2) 他看起来这么年轻，我猜<u>不过</u>三十岁<u>而已</u>。

☞ (3) 她<u>不过</u>就是个爱唱歌的小女孩<u>而已</u>，怎么就突然成了偶像呢？

> **练一练 Practice**
>
> (1) 我会写汉字，只不过<u>写得不好看</u>而已。
>
> (2) 我男朋友长得还可以，不过_____而已。
>
> (3) 今天的天气还不错，只不过_____而已。
>
> (4) _____，不过_____而已。

2 仅仅

副词。表示限于某个比较小的范围之内。意思跟"只"相同。It is an adverb indicating that something is limited to a relatively small range. It is equivalent to 只.

(1) 这座大桥<u>仅仅</u>用了半年时间就修好了。

(2) 今天来参加面试的<u>仅仅</u>三个人。

☞ (3) 一个偶像的诞生，<u>仅仅</u>需要填一张表格、排队唱歌、参加一轮又一轮的淘汰，前后不过小半年的时间。

练一练 Practice

(1) 他来中国仅仅<u>一年</u>，<u>汉语已经说得非常好了</u>。
(2) 他们俩结婚仅仅_____，就_____了。
(3) 我和他不熟，我们仅仅_____。
(4) 这件衣服_____，仅仅_____。

3 恐怕

副词。表示对情况的估计。说话人常有担心的意思。As an adverb it indicates an appraisal of a situation. The speaker is usually expressing a feeling of anxiety.

(1) 都十点了，他<u>恐怕</u>不会来上课了。
(2) 大学毕业后，我们<u>恐怕</u>有十年没见过面了吧?
☞ **(3) 这样的成名速度，<u>恐怕</u>是所有做着明星梦的人所追求的吧。**

练一练 Practice

(1) 天气不太好，下午恐怕<u>有雨</u>。
(2) 很久没有看见他了，恐怕他_____。
(3) 牛奶已经过期了，喝了它恐怕会_____。
(4) 两个星期没有给妈妈打电话了，她恐怕_____。

4 仍旧

副词。表示某种情况持续不变或恢复原状。As an adverb it indicates that a certain situation has been sustained or restored.

(1) 这么多年了，他<u>仍旧</u>住在那座破旧的房子里。
(2) 几年没见，她<u>仍旧</u>那么年轻漂亮。
☞ **(3) 在失去了明星的光环之后，他们<u>仍旧</u>回到了普通人的生活中。**

练一练 Practice

(1) 已经放假了，可爸爸仍旧<u>那么忙</u>。
(2) 已经秋天了，可是天气仍旧_____。
(3) 这个语法老师讲过很多遍了，可是我仍旧_____。
(4) _____，不过我们_____。

5 根据课文回答下列问题

Answer the questions below according to the text

1. 李宇春的父亲无法接受的事实是什么?

第4单元 小人物，大梦想

2 简单说说一个偶像诞生的过程。
3 文章第三段中"捧"的意思是什么？
4 选秀节目的真正意义是什么？
5 如果有机会，你会参加选秀节目吗？

6 在课文中找出与下列句中画线部分意思相近的词语

Find language in the text which has a similar meaning to the underlined words and expressions below

1 今天下午我们要开个会，重点讨论明年的工作计划。　　_____
2 大家都看见你拿走了小林的手机，你为什么不承认？　　_____
3 大学毕业以后，他去了美国。到目前为止，我们已经十年没见过面了。　　_____
4 为了治理大气污染，国家每年要花很多钱。　　_____
5 分手以后我们再也没有联系过，可能她已经结婚了。　　_____

7 双人活动

Pair work

请和你的同桌讨论一下，在你们国家有没有这种选秀节目？什么样的人可以参加这种选秀节目？如果给你一次机会，你会参加吗？

Discuss with your partner whether or not you have this kind of talent show in your home country. What kind of people can take part in such shows? If you were given a chance, would you try out?

8 小组活动

Group work

开展一个小型的辩论会，题目是"选秀节目的利与弊"。
正方的观点是：选秀节目给普通人提供了一个实现梦想的机会。反方的观点是：

选秀节目让更多的年轻人追求"一夜成名",忽视了努力与付出。

要求正方和反方都要有足够的论据来论述自己的观点,用词准确,表述清楚。

Open a small debate with the topic of: "选秀节目的利与弊".

The pro view is that talent shows provide ordinary people with the chance to realize their dreams. The con view is that talent shows make more and more people chase "overnight stardom" forgetting that one must make efforts to win success.

Both the pros and the cons must have enough talking points to discuss their views, and they must express themselves appropriately and clearly.

第5单元 5

Huángjīn jiàrì
黄金假日
Golden Holiday

任务介绍 Introduction

紧张的工作之后，我们需要利用节假日来好好放松一下自己的身心。假期中你会做些什么呢？

在这一单元里，我们首先请几位朋友谈谈他们的假期是如何度过的。在众多的节日中，"春节"是中国人最重要的节日，不同年代的人又是如何过春节的呢？

After the stress of work, we need holidays to relax our minds and bodies. What do you like to do when taking a break?

In this unit, we will first find out how some friends like to spend their vacation. Among the many holidays, the Spring Festival is the most important date on the Chinese calendar, so how is it celebrated by different generations?

第 1 课 假期综合征
Jiàqī zōnghézhēng
Holiday Syndrome

1 热身活动

Warm-up

1. 愉快的假期到了，看看他们都在做什么呢？The happy holidays have arrived! What are the people in the pictures below doing?

1. _____ 2. _____ 3. _____ 4. _____

5. _____ 6. _____ 7. _____ 8. _____

2. 在这些活动中，你会选择哪些活动在假期中来做？请说说原因。Which of the activities above would you choose to do on vacation, and why?

序 号	选择的活动 *Chosen activities*	原 因 *Reasons*
1	打扫房间	平时没有时间
2		
3		
4		

2 课文

Text

"十一"黄金周期间，很多人选择旅游、探亲、逛街或是**宅**在家中。但是①通常节假日过后，有些人会出现一些不**适应**的状况，我们称之为假期**综合**征。请听听下面几位朋友的**倾诉**吧。

琳琳：我有上班**恐惧**症。假期**即将**结束了，可我还**沉浸**在节日的快乐中。一想到上班时有那么多的**文件**要处理，那么多的会要开，我就会**烦躁**。我知道这样的状态肯定会影响工作，但是我不知道该如何**调整**自己的心态。

医生建议：假期的最后一天最好收住游乐的心，静下来做点儿安静的事情，比如看看书、听听音乐。这些都是假期**过渡**的**有效**方法。一些人之所以上班会有心理不适的**现象**，是因为还没有**实现**心理角色的**转换**。可以**利用**假期的最后一天，把自己下一周要做的工作好好安排一下，②以便做到**心中有数**。

安迪：我是宅男，特别喜欢玩网络游戏。整个假期我除了睡觉就是上网。③一连玩了七天，每天都玩得**昏天黑地**。快要上班了，可我发现自己头昏脑**涨**，提不起精神去工作。

医生建议：虽说假期可以**尽情**地玩，但是还是需要**合理**地安排作息时间。另外**适当**地进行一些**体育**锻炼也是必要的。比如早上**抽**出半个小时晨跑，饭后散半个小时步，或者每天做半个小时的**家务**活儿。

苏菲：我最大的爱好是吃。亲朋好友聚会，常常会大吃大喝。我也知道这样对身体不好。但是我总管不住自己，所以一到假期我就会**腹痛**、**消化不良**。

医生建议：④既然知道大吃大喝不好，就应该改掉这个坏习惯。少吃太油的东西，多选择一些清淡的饭菜，适当吃一些促进消化的食物。另外运动也有助于消化，瑜伽、慢跑、跳舞等运动都是不错的选择。

"Shíyī" huángjīnzhōu qījiān, hěn duō rén xuǎnzé lǚyóu、tànqīn、guàngjiē huò shì zhái zài jiāzhōng. Dànshì ①tōngcháng jiéjiàrì guòhòu, yǒuxiē rén huì chūxiàn yìxiē bú shìyìng de zhuàngkuàng, wǒmen chēng zhī wéi jiàqī zōnghézhèng. Qǐng tīngting xiàmiàn jǐ wèi péngyou de qīngsù ba.

Línlín: Wǒ yǒu shàngbān kǒngjù zhèng. Jiàqī jíjiāng jiéshù le, kě wǒ hái chénjìn zài jiérì de kuàilè zhōng. Yì xiǎngdào shàngbān shí yǒu nàme duō de wénjiàn yào chǔlǐ, nàme duō de huì yào kāi, wǒ jiù huì fánzào. Wǒ zhīdào zhèyàng de zhuàngtài kěndìng huì yǐngxiǎng gōngzuò, dànshì wǒ bù zhīdào gāi rúhé tiáozhěng zìjǐ de xīntài.

Yīshēng jiànyì: Jiàqī de zuìhòu yì tiān zuì hǎo shōu zhù yóulè de xīn, jìng xià lái zuò diǎnr ānjìng de shìqing, bǐrú kànkan shū、tīngting yīnyuè. Zhèxiē dōu shì jiàqī guòdù de yǒuxiào fāngfǎ. Yìxiē rén zhī suǒyǐ shàngbān huì yǒu xīnlǐ búshì de xiànxiàng, shì yīnwèi hái méiyǒu shíxiàn xīnlǐ juésè de zhuǎnhuàn. Kěyǐ lìyòng jiàqī de zuìhòu yì tiān, bǎ zìjǐ xià yì zhōu yào zuò de gōngzuò hǎohāo ānpái yíxià, ②yǐbiàn zuòdào xīn zhōng yǒu shù.

Āndí: Wǒ shì zháinán, tèbié xǐhuan wán wǎngluò yóuxì. Zhěnggè jiàqī wǒ chúle shuìjiào jiù shì shàngwǎng. ③Yìlián wán le qī tiān, měitiān dōu wán de hūn tiān hēi dì. Kuàiyào shàngbān le, kě wǒ fāxiàn zìjǐ tóu hūn nǎo zhàng, tí bu qǐ jīngshen qù gōngzuò.

Yīshēng jiànyì: Suīshuō jiàqī kěyǐ jìnqíng de wán, dànshì háishi xūyào hélǐ de ānpái zuòxī shíjiān. Lìngwài shìdàng de jìnxíng yìxiē tǐyù duànliàn yě shì bìyào de. Bǐrú zǎoshang chōu chū bàn ge xiǎoshí chén pǎo, fànhòu sàn bàn ge xiǎoshí bù, huòzhě měitiān zuò bàn ge xiǎoshí de jiāwù huór.

Sūfēi: Wǒ zuì dà de àihào shì chī. Qīnpéng hǎoyǒu jùhuì, chángcháng huì dà chī dà hē. Wǒ yě zhīdào zhèyàng duì shēntǐ bù hǎo. Dànshì wǒ zǒng guǎn bu zhù zìjǐ, suǒyǐ yí dào jiàqī wǒ jiù huì fùtòng、xiāohuà bùliáng.

Yīshēng jiànyì: ④Jìrán zhīdào dà chī dà hē bù hǎo, jiù yīnggāi gǎidiào zhège huài xíguàn. Shǎo chī tài yóu de dōngxi, duō xuǎnzé yìxiē qīngdàn de fàncài, shìdàng chī yìxiē cùjìn xiāohuà de shíwù. Lìngwài yùndòng yě yǒuzhù yú xiāohuà, yújiā、mànpǎo、tiàowǔ děng yùndòng dōu shì búcuò de xuǎnzé.

Vocabulary 🎧 5-02

#	词	拼音	词性	英文
1	宅	zhái	v.	stay
2	适应	shìyìng	adj.	suitable
3	综合	zōnghé	adj.	comprehensive
4	倾诉	qīngsù	v.	talk
5	恐惧	kǒngjù	n.	fear
6	即将	jíjiāng	adv.	soon
7	沉浸	chénjìn	v.	immerse
8	文件	wénjiàn	n.	document
9	烦躁	fánzào	adj.	irritable
10	调整	tiáozhěng	v.	adjust
11	过渡	guòdù	n.	transition
12	有效	yǒuxiào	adj.	effective
13	现象	xiànxiàng	n.	phenomenon
14	实现	shíxiàn	v.	achieve
15	转换	zhuǎnhuàn	n.	conversion
16	利用	lìyòng	v.	use
17	心中有数	xīn zhōng yǒu shù		be fully prepared
18	昏天黑地	hūn tiān hēi dì		dizzy
19	涨	zhàng	adj.	dizzy
20	尽情	jìnqíng	adv.	as munch as one likes
21	合理	hélǐ	adj.	reasonable
22	适当	shìdàng	adj.	appropriate
23	体育	tǐyù	n.	sports
24	抽	chōu	v.	make (time)
25	家务	jiāwù	n.	housework
26	腹	fù	n.	stomach
27	消化	xiāohuà	n.	digestion
28	不良	bùliáng	adj.	poor; bad
29	清淡	qīngdàn	adj.	light
30	促进	cùjìn	v.	promote; improve

注 释 Notes:

1. 黄金周：1999年，中国国务院公布了新的《全国年节及纪念日放假办法》，决定将"春节""五一""十一"的休息时间与前后的双休日拼接，从而形成7天的长假。1999年国庆第一个"黄金周"，全国出游人数达2800万人次，旅游综合收入141亿元，假日旅游热潮席卷全国。In 1999, China's State Council announced a new "Regulation on Public Holidays for National Annual Festivals and Memorial Days" stating that the Spring Festival, Labor Day and National Day holidays would be combined with the preceding or following weekends, thereby creating three 7-day long holidays. In that year, the National Day's first "Golden Week" saw some 28 million people taking trips nationwide. Income from tourism totaled 14.1 billion yuan as a travelling craze swept the nation.

2. 宅男（女）：指每天待在屋子里不外出，上网玩游戏、上bbs的一群人，与他人交往不多。2010年1月，宅男被收入新编的《汉英大词典》。This refers to a group of young men who stay indoors every day, play online games and visit message boards. They are

characterized by not going outside, and seldom interacting socially with others. In January 2010, the word 宅男 became a new entry into Chinese-English dictionaries.

3 瑜伽：瑜伽是一种运用古老而易于掌握的技巧，改善人们生理、心理、情感和精神的运动方式，是一种达到身体、心灵与精神和谐统一的运动，包括调身的体位法、调息的呼吸法、调心的冥想法等，以达到身心合一。Yoga is a type of exercise which uses ancient and easy-to-grasp techniques to improve people's physical, mental, emotional and spiritual wellbeing. It is an activity which harmonizes one's body, mind and spirit, including techniques such as toning posture, extending breathing life force and alignment of meditation to achieve the unity of body and mind.

4 语言点

Language points

1 通常

副词。表示一般，平常。As an adverb it means "ordinarily", "normally".

(1) 我晚上通常十二点以后才睡觉。

(2) 考试之前通常需要复习复习。

☞ (3) **但是通常节假日过后，有些人会出现一些不适应的状况，我们称之为假期综合征。**

练一练 Practice

(1) 遇到困难的时候，我通常会向朋友求助。

(2) 下课以后，我通常＿＿＿＿＿＿＿＿＿＿＿＿。

(3) 当人生病的时候，通常＿＿＿＿＿＿＿＿＿＿＿＿。

(4) ＿＿＿＿＿＿的时候，我通常会＿＿＿＿＿＿＿＿＿。

比较 通常/常常

"通常"多指带有规律性的动作行为，"常常"多指在较短时间内不止一次出现的某种动作行为。通常 usually refers to an action or behavior which occurs with regularity, 常常 usually refers to an action or behavior which happens repeatedly over a relatively short space of time.

(1) 我们通常周四下午开班会。

(2) 他工作非常认真，所以常常受到经理的表扬。

2 以便

连词。表示使下文所说的目的容易实现。常用于后一小句的开头。As a conjunction it indicates that the following aim can be easily achieved. It is usually used at the start of the second clause of a sentence.

(1) 你先把资料准备好，以便开会时研究。

(2) 我要多看中文报纸和杂志，以便提高自己的阅读能力。

☞(3) **把自己下一周要做的工作好好安排一下，以便做到心中有数。**

> 练一练 Practice
> (1) 请您留下宝贵意见，以便我们能更好地改进工作。
> (2) 请把您的联络方式留下，以便我们_____。
> (3) 他们每天都起得很早，以便_____。
> (4) 我们必须_____，以便_____。

比较 以便/以免

都是表示目的的连词，用在复句中后一分句的前头。"以便"表示按照前一分句所说的意思去做，就可以使后一分句所说的目的得以实现。"以免"表示依照前一分句所述内容去做，就可以避免后一分句所述内容的发生。Both are conjunctions used at the start of the second clause in a complex sentence to indicate an aim. 以便 indicates that due to what has been said in the preceding clause, the goal expressed in the following clause can be achieved. 以免 indicates that due to what has been said in the preceding clause, that expressed in the following clause can be avoided.

(1) 我要了医生的电话号码，以便生病时能及时联系上他。

(2) 我们要严格遵守交通规则，以免发生交通事故。

3 一连

副词，表示同一动作或同一情况连续发生，后面常有表示次数的数量词。As an adverb it indicates that the same action or situation happens successively. It is usually followed by a number indicating frequency.

(1) 他一连喝了三杯水。

(2) 知道妈妈生病的消息后，我急得一连三天没睡好觉。

☞(3) **整个假期我除了睡觉就是上网。一连玩了七天，每天都玩得昏天黑地。**

> **练一练 Practice**
>
> (1) 我<u>一连</u>给他打了三个电话，他都没接。
> (2) 这个问题我们一连＿＿＿＿＿＿＿＿＿＿＿＿＿＿，都没有结果。
> (3) 这场大雨一连＿＿＿＿＿＿＿＿＿＿＿＿＿＿＿，都没有停。
> (4) 我一连＿＿＿＿＿＿，他都没有＿＿＿＿＿＿＿。

4 既然……就……

"既然"是连词。用于前一小句，提出已成为现实的或已肯定的前提，后一小句根据这个前提推出结论。既然 is a conjunction. It is used in a preceding clause to propose a premise which has already become a reality, or is already certain. The following clause puts forward a conclusion based on the given premise.

(1) <u>既然</u>你的病已经好了，<u>就</u>去学校上课吧。

(2) <u>既然</u>你不喜欢我了，我们<u>就</u>分手吧。

☞ (3) **<u>既然</u>知道大吃大喝不好，<u>就</u>应该改掉这个坏习惯。**

> **练一练 Practice**
>
> (1) <u>既然</u>考试<u>已经结束了</u>，你们就好好休息休息吧。
> (2) 既然＿＿＿＿＿＿＿＿＿＿＿＿＿，我们就放弃这次比赛吧。
> (3) 既然＿＿＿＿＿＿＿＿＿＿＿＿＿＿，你就让孩子自己做决定吧。
> (4) 既然＿＿＿＿＿＿＿＿，大家就＿＿＿＿＿＿＿＿。

5 根据课文回答下列问题

Answer the questions below according to the text

1. 黄金周期间，人们常常会做些什么？
2. 什么是假期综合征？
3. 对于上班恐惧症，医生给出了什么好的建议？
4. 安迪假期综合征的表现是什么？
5. 如果因为大吃大喝使身体不健康，我们应该怎么做？

6 根据课文，把下面的对话补充完整

Complete the dialogue below according to the text

琳　琳：	我有上班恐惧症，一想到要上班了，我就会感到烦躁。
医　生：	我建议你_____。（利用……安排……以便……）
安　迪：	七天假期我一直都在玩网络游戏。快上班了，可是我的头很疼，没有精神去工作。
医　生：	你这种做法很不好。_____。（虽说……但是……）
安　迪：	那您有什么好的建议吗？
医　生：	我建议你可以_____。（适当 比如……）
苏　菲：	我经常因为假期里大吃大喝，造成消化不良，您有什么好方法吗？
医　生：	建议你_____。（多……多……）

7 双人活动

Pair work

根据课文内容，完成下列表格。

Complete the table below according to the content of the text

假期综合征 Holiday syndrome	表　现 How it is shown	医生建议 Doctor's advice
上班恐惧症	1. 烦躁 2. 不想上班 3. 不知道怎么调整心态	1. 收住游乐的心 2. 静下来做点事 3. 安排好下一周的工作

小组活动

Group work

张明和月红结婚两年多了，夫妻感情很好。但是每到假期的时候，两个人就开始吵架。原来他们两个都是独生子女，每到假期，双方父母都要求小两口回自己家过节。这可怎么办呢？你有什么好的办法和建议吗？

请3—4人一组讨论一下。每组至少拿出三条建议。请使用下列常用表达式。

Zhang Ming and Yue Hong have been happily married for over two years, but every time the holidays arrive they argue. As they are both only children, when the holidays arrive, both sets of parents request the couple to spend the time with them. How can they deal with this situation? Do you have any good advice?

In groups of 3–4, come up with at least three pieces of advice, use the expressions below.

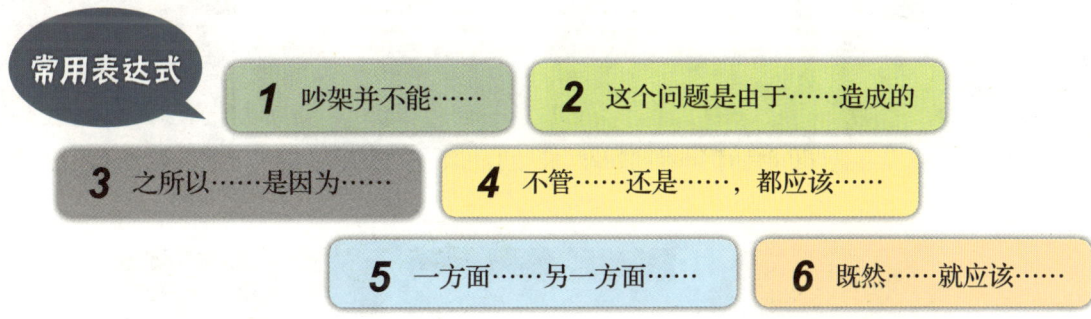

常用表达式
1. 吵架并不能……
2. 这个问题是由于……造成的
3. 之所以……是因为……
4. 不管……还是……，都应该……
5. 一方面……另一方面……
6. 既然……就应该……

第 2 课 不同的年代，不同的年

Bùtóng de niándài, bùtóng de nián

Different Generations, Different Years

1 热身活动

Warm-up

1. 你知道下列图片中的东西叫什么名字吗？哪些与"过年"有关系？Do you know the names of the things pictured below? Which of them are related to celebrating the New Year?

1. _____ 2. _____ 3. _____ 4. _____

5. _____ 6. _____ 7. _____

2. 你知道下列图片中的食物和中国的哪些传统节日有关系吗？Do you know which Chinese festivals the foods pictured below are associated with?

汤圆（　　）　　月饼（　　）　　粽子（　　）　　腊八粥（　　）

Text

又快过年了，大家都在为一年一度的春节**忙碌**着。对于不同年代的人来说，他们对过年的理解也不一样，请听听他们的**心声**吧。

受访者：李明雪　　　　　　　　　　　　　　　　年龄：63岁

春节，对于63岁的李明雪来说，是一年之中最重要的日子，在外地工作的儿女们都在这一天回到自己身边。看着孩子们开心地吃着自己给他们做的饭菜，李明雪多苦多累都是快乐的。"其实，儿女们不愿意看我这么**操劳**，打算在酒店**订**年夜饭。可是我觉得这顿年夜饭，我还是想**亲自动手**。"李明雪说。

受访者：张英华　　　　　　　　　　　　　　　　年龄：49岁

我的童年是在农村**度过**的。那时候的小孩子都特别喜欢过年，因为只有过年的时候才能穿上新衣服，吃上一顿带肉的饺子。过年时①**不管**去哪个亲戚家，一**磕**头长辈都会给"压岁钱"，而且都是新的票子呢。

受访者：赵朋飞　　　　　　　　　　　　　　　　年龄：37岁

过年之前是最忙的时候，不②**光手头**的工作要**定期**完成，各种**应酬**也是一个接一个。过年③**固然**是要热热闹闹的，但对于我这个**年纪**的人来说，上有老，下有小，**肩头担子**重，春节期间全家老少平平安安才是最大的幸福。

受访者：李晶晶　　　　　　　　　　　　　　　　年龄：30岁

不知道从哪年开始，我已经步入了大龄"剩女"的行列，家人亲友只要坐在一起，都会"**兴趣盎然**"地讨论我的**婚姻**大事。又要过年了，回家让我又**渴望**又害怕。即使是这样，回家过年还是最让我**期待**的一件事。和家里人一起永远是最幸福的。

受访者：马以丽　　　　　　　　　　　　　　　　年龄：19岁

去年春节，我跟妈妈去泰国旅游。第一次没有在家里过年，还去了**异国他乡**，感觉又**兴奋**又**刺激**。随着年龄的增长，我已经很少能感受得到过年时的欢乐**气氛**。越到过年，大街上越**冷清**。我希望能在最**重大**的节日里走上街头，和亲人朋友，甚至是陌生人一起**狂欢**，那种快乐的感觉一定会**终生**难忘。

Yòu kuài guònián le, dàjiā dōu zài wèi yì nián yí dù de chūnjié **mánglù** zhe. Duìyú bùtóng niándài de rén lái shuō, tāmen duì guònián de lǐjiě yě bù yíyàng, qǐng tīngting tāmen de **xīnshēng** ba.

Shòufǎngzhě: Lǐ Míngxuě　　　　　　　　niánlíng: liùshísān suì

Chūnjié, duìyú liùshísān suì de Lǐ Míngxuě lái shuō, shì yì nián zhī zhōng zuì zhòngyào de rìzi, zài wàidì gōngzuò de érnǚmen dōu zài zhè yì tiān huídào zìjǐ shēnbiān. Kàn zhe háizimen kāixīn de chī zhe zìjǐ gěi tāmen zuò de fàncài, Lǐ Míngxuě duō kǔ duō lèi dōu shì kuàilè de. "Qíshí, érnǚmen bú yuànyì kàn wǒ zhème **cāoláo**, dǎsuàn zài jiǔdiàn **dìng** niányèfàn. Kěshì wǒ juéde zhè dùn niányèfàn, wǒ háishi xiǎng **qīnzì dòngshǒu**." Lǐ Míngxuě shuō.

Shòufǎngzhě: Zhāng Yīnghuá　　　　　　niánlíng: sìshíjiǔ suì

Wǒ de tóngnián shì zài nóngcūn **dùguò** de. Nà shíhou de xiǎoháizi dōu tèbié xǐhuan guònián, yīnwèi zhǐyǒu guònián de shíhou cái néng chuānshang xīn yīfu, chīshang yí dùn dài ròu de jiǎozi. Guònián shí ①<u>bùguǎn</u> qù nǎge qīnqi jiā, yì <u>kē</u>tóu zhǎngbèi <u>dōu</u> huì gěi "yāsuìqián", érqiě dōu shì xīn de piàozi ne.

Shòufǎngzhě: Zhào Péngfēi　　　　　　　niánlíng: sāshíqī suì

Guònián zhīqián shì zuì máng de shíhou, bù②<u>guāng</u> **shǒutóu** de gōngzuò yào **dìngqī** wánchéng, gèzhǒng **yìngchou** yě shì yí ge jiē yí ge. Guònián ③<u>gùrán</u> shì yào rèrenàonao de, dàn duìyú wǒ zhège **niánjì** de rén lái shuō, shàng yǒu lǎo, xià yǒu xiǎo, **jiān**tóu **dànzi** zhòng, chūnjié qījiān quánjiā lǎoshào píngpíng'ān'ān cái shì zuì dà de xìngfú.

Shòufǎngzhě: Lǐ Jīngjīng　　　　　　　　niánlíng: sānshí suì

Bù zhīdào cóng nǎ nián kāishǐ, wǒ yǐjīng bùrù le dàlíng "shèng nǚ" de hángliè, jiārén qīnyǒu zhǐyào zuò zài yìqǐ, dōu huì "**xìngqù àngrán**" de tǎolùn wǒ de **hūnyīn** dàshì. Yòu yào guònián le, huíjiā ràng wǒ yòu **kěwàng** yòu hàipà. Jíshǐ shì zhèyàng, huíjiā guònián háishi zuì ràng wǒ **qīdài** de yí jiàn shì. Hé jiālirén yìqǐ yǒngyuǎn shì zuì xìngfú de.

Shòufǎngzhě: Mǎ Yǐlì   niánlíng: shíjiǔ suì

Qùnián chūnjié, wǒ gēn māma qù Tàiguó lǚyóu. Dì yī cì méiyǒu zài jiālǐ guònián, hái qù le yìguó tāxiāng, gǎnjué yòu xīngfèn yòu cìjī. Suízhe niánlíng de zēngzhǎng, wǒ yǐjīng hěn shǎo néng gǎnshòu de dào guònián shí de huānlè qìfēn. Yuè dào guònián, dàjiē shang yuè lěngqing. Wǒ xīwàng néng zài zuì zhòngdà de jiérì lǐ zǒu shang jiētóu, hé qīnrén péngyou, shènzhì shì mòshēngrén yìqǐ kuánghuān, nàzhǒng kuàilè de gǎnjué yídìng huì zhōngshēng nán wàng.

3 生词 5-04

Vocabulary

1	忙碌	mánglù	adj.	busy
2	心声	xīnshēng	n.	voices
3	操劳	cāoláo	v.	work hard
4	订	dìng	v.	book
5	亲自	qīnzì	adv.	personally
6	动手	dòngshǒu	v.	work on
7	度过	dùguò	v.	spend
8	磕	kē	n.	tap
10	手头	shǒutóu	adj.	in hand
11	定期	dìngqī	adv.	regularly
12	应酬	yìngchou	n.	social occasion
13	固然	gùrán	conj.	of course
14	年纪	niánjì	n.	age
15	肩	jiān	n.	shoulder
16	担子	dànzi	n.	burden
17	兴趣盎然	xìngqù àngrán		with immense interest
18	婚姻	hūnyīn	n.	marriage
19	渴望	kěwàng	v.	long for
20	期待	qīdài	v.	look forward to
21	异国他乡	yìguó tāxiāng		foreign country
22	兴奋	xīngfèn	adj.	excited
23	刺激	cìjī	adj.	thrilled
24	气氛	qìfēn	n.	atmosphere
25	冷清	lěngqing	adj.	deserted
26	重大	zhòngdà	adj.	significant
27	狂欢	kuánghuān	n.	revel
28	终生	zhōngshēng	n.	lifelong

注 释 Notes:

1. 压岁钱：在中国，过年时，长辈要将事先准备好的钱分给晚辈，祝福晚辈得到压岁钱可以平平安安度过一岁。At the time of the Spring Festival, the elder generations will prepare money in advance to divide out among the younger generations. Receiving this lucky money rewards the younger generation with a safe and peaceful year to come.

2. 剩女：教育部2007年8月公布的171个汉语新词之一，是指已经过了社会一般所认为的适婚年龄，但是仍然未结婚的女性，广义上是指27岁及以上的单身女性。多数"剩女"择偶要求比较高，导致在婚姻上得不到理想归宿。This was one of the 171 new Chinese words announced by the Ministry of Education of China in August 2007. It refers to those unmarried women who have already passed the age society generally deems suitable for marriage. In a broad sense, it means single women aged 27 and above. Many of these women have relatively high standards when looking for a man, leading to them being unable to find an ideal partner to marry.

Language points

1 不管……都……

"不管"是连词，表示在任何条件下，结果或结论都不会发生改变。类似表达还有"不论……都……""无论……都……"。不管 is a conjunction meaning that whatever the condition, the result or conclusion will always be the same. It is equivalent to 不论……都…… and 无论……都……

常用表达式：不管/无论/不论……，都/也……

(1) 他<u>不管</u>工作多忙，每天<u>都</u>坚持跑步。

(2) <u>不管</u>明天下不下雨，我们<u>都</u>要去爬山。

☞(3) 过年时<u>不管</u>去哪个亲戚家，一磕头长辈<u>都</u>会给"压岁钱"。

练一练 Practice

(1) 不管<u>他说什么</u>，你们都不要相信。

(2) 不管你_____还是_____，我们都不在乎。

(3) 不管天气_____不_____，我们都要去旅行。

(4) 不管_____，我们都想_____。

比较 不管/尽管

"不管"是表示条件关系的连词，意思是在任何条件下，结果都一样。"尽管"是表示让步与转折关系的连词，引出表示让步的分句，常与"但是、然而、可是"连用。不管 is a conjunction related to a condition. It means that under any condition, the result is always the same. 尽管 is a conjunction with a concessional and transitional relationship, leading to a concessional clause. It is often used together with 但是, 然而 or 可是.

(1) 不管天气多么冷，他都穿着那件破棉衣。
(2) 尽管天气很热，可是他仍然穿着那件破棉衣。

2 光

副词，常用来限定范围，用法相当于"只、单"。其后可加动词或形容词，也可加名词。As an adverb it is usually used to indicate a limited range, and it is used equivalently to 只 and 单. It is followed by a verb, adjective or noun.

(1) 这孩子怎么光笑不说话？
(2) 参加比赛的不光他一个人，还有好几个同学呢。
☞ (3) **不光手头的工作要定期完成，各种应酬也是一个接一个。**

> **练一练 Practice**
>
> (1) 光我们班报名的人数就超过了二十个。
> (2) 光_____就花了我一个小时的时间。
> (3) 光_____就有十几个人。
> (4) 光_____，就_____。

3 固然

连词，表示确认某一事实。后一小句可用"但是、可是"，表示前后两小句意思矛盾，也可以用"也"，突出后一小句的意思。As a conjunction it indicates the confirmation of some fact. The following clause can use 但是 or 可是 to indicate a contradiction between the two clauses. 也 can also be used to add emphasis to the following clause.

(1) 药固然可以治病，但是吃多了也会有副作用。
(2) 考试通过了固然好，没通过的话也不要伤心。
☞ (3) **过年固然是要热热闹闹的，但对于我这个年纪的人来说，上有老，下有小，肩头担子重，春节期间全家老少平平安安才是最大的幸福。**

> **练一练 Practice**
>
> (1) 学校离家固然是远了点儿，但交通还是很方便的。
> (2) 这次考试固然是难了一点儿，但是_____。

(3) 工作固然很忙，但还是＿＿＿＿＿＿＿＿＿＿＿＿。
(4) 春节固然＿＿＿＿＿＿，可是＿＿＿＿＿＿＿＿＿＿。

5 根据课文回答问题

Answer the questions below according to the text

1. 为什么李明雪一定要自己动手做年夜饭？
2. 张英华小的时候为什么特别喜欢过年？
3. 赵朋飞过年之前都在忙些什么？
4. 回家过年为什么让李晶晶又渴望又害怕？
5. 马以丽觉得过年应该是什么样子？

6 在课文中找出与下列句中画线部分意思相近的词语

Find language in the text which has a similar meaning to the underlined words and expressions below

1. 结婚以后，她开始<u>自己动手</u>打扫房间、做饭、洗衣服。　　＿＿＿＿＿
2. <u>无论</u>遇到多大的困难，她都会坚持把工作做好。　　＿＿＿＿＿
3. 父母没有工作，所以我总是在<u>固定时间</u>给家里寄生活费。　　＿＿＿＿＿
4. 丈夫出国学习了，照顾老人和孩子的<u>责任</u>自然落在了我的身上。　　＿＿＿＿＿
5. 妻子聪明、美丽，她是我<u>一生</u>最爱的人。　　＿＿＿＿＿

7 双人活动

Pair work

请跟你的同桌讨论一下，如果今年你们不想回国了，想留在中国过年，你们想怎样度过这个年。比如：

Discuss with your partner how you would like to spend the New Year. Should you choose to stay in China rather than return home. For example:

1　和朋友去中国的各个地方旅行。
2　把家人接到中国一起过年。
3　去中国人家里做客。
4　利用假期去中国的公司找一份兼职（jiānzhí）工作。

以上建议是否符合你们的想法？如果不符合，你们还有什么好的打算？Do you like the suggestims above? If you don't, what other plans do you have?

Group work

新年是一年中最重要的节日之一。各个国家都会用不同的方式来庆祝新年。请3—4名同学一组，讲述一下你们国家是怎么过新年的。请使用下列常用表达方式：

The New Year is one of the most important holidays of the year and is celebrated differently all over the world. In groups of 3–4, explain how people in your country spend the New Year, use the expressions below:

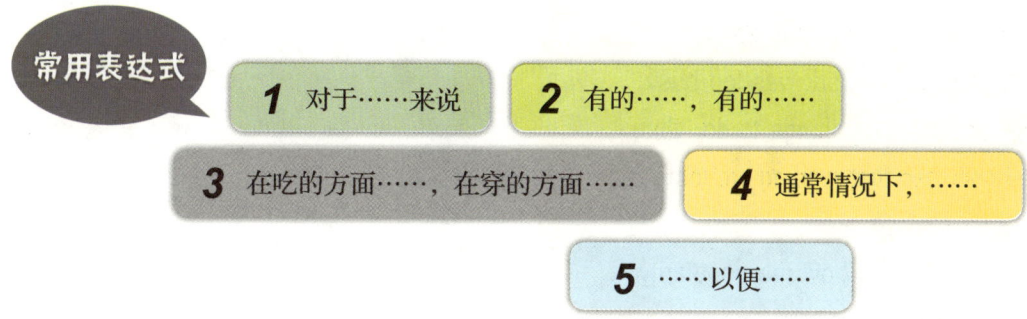

第6单元 6

Nǐ hái jìde dúshū de kuàilè ma?
你还记得读书的快乐吗？

Do You Remember the Happiness of Reading?

任务介绍 Introduction

不知道从什么时候开始，我们离书已经越来越远了。或许是因为工作太忙，或许是因为事情太多。你还记得读书曾经给你带来的快乐吗？

在这一单元里，我们首先由"莫言热"引入阅读危机的讨论，然后听听几位朋友讲述他们对于读书的感受。

Some time ago, we began to drift further and further away from books, perhaps because work was too busy, or maybe because we had too many things to do. Can you still remember the happiness that reading brought to your life?

In this unit, we will first look at how the popularity of Mo Yan has lead to a discussion of a crisis in reading, then we will listen to some friends explain their feelings towards reading.

第 1 课 "莫言热"与阅读危机
Mò Yánrè yǔ yuèdú wēijī
"Hot" Mo Yan and the Reading Crisis

1 热身活动

Warm-up

1. 说说你最近一次读书是在什么时候，书的名字是什么？你能简单介绍一下这本书的大概内容吗？When was the last time you read a book? What was its name, and can you briefly introduce its content?

2. 我们一起来了解一下诺贝尔文学奖。Let's get a better understanding of The Nobel Prize in Literature.

　　诺贝尔文学奖授予"最近一年来在文学方面创作出最佳作品的人"。"最佳作品"是指具有文学价值的作品，包括历史和哲学等著作。文学奖的奖金由斯德哥尔摩诺贝尔基金会统一管理，由瑞典文学院评议和决定获奖人选。文学院设置了专门的评奖机构，并建立了诺贝尔图书馆，收集各国文学作品、百科全书和报刊文章。

　　中国作家莫言，生于1955年2月17日，山东省人，中国当代著名作家，2012年获得诺贝尔文学奖。

　　The Nobel Prize in Literature is awarded annually to "in the field of literature the most outstanding work in an ideal direction". "The most outstanding work" here refers to the literary value of the work and includes publications such as historical and philosophical work. The financial reward for the Prize in Literature is under the unified management of The Nobel Foundation in Stockholm, and deliberations and award decisions are made by The Swedish Academy. The Academy features a dedicated awarding body and has established a Nobel Library which contains literature from around the world, encyclopedias and journal articles.

　　The famous contemporary Chinese author Mo Yan was born in Shandong Province on the 17th of February 1955. Due to him having a large volume of outstanding literature published, he became the Nobel literature laureate 2012.

第6单元 你还记得读书的快乐吗？

Text

中国作家莫言获得2012年诺贝尔**文学**奖以来，他的作品就**备**受欢迎，无论**实体**书店还是网络书城都出现了一书难求的**局面**。

在**某**图书城，记者看到，莫言的作品早已售光，但还有很多读者前来购买，预订量已**达**近百本。陈先生正在书架前翻阅一本小说。他告诉记者，自己从没有看过莫言的书，对莫言本人也不怎么了解，听到莫言获奖的**消息**后就想买本他的书看看。

网络上也**掀**起了**空前**的"莫言热"。国内各大网站均推出了莫言**专题**，但大部分书都处于**缺**货状态。在当当网新书热卖**榜**上，莫言的新**版**《丰乳肥臀》排名第一。

然而，在莫言作品获热捧的背后，不可**忽视**的却是中国民众的"阅读**危机**"。

①据第九次全国国民阅读调查**显示**，2011年我国人均读书量仅为4.3本，远低于日本、法国、韩国等国家。

记者在书店**随机采访**了几位购书者。小张是一位在校学生，他说自己平时只看与专业有关的书，文学作品读得很少。今年23岁的小齐是一名汽车销售人员。他说："以前上学的时候也会看一些小说、杂志。现在工作了，**空闲**时间太少，反而没时间看书了。"

专家**分析**说，忙于各种事情而没有时间阅读是产生阅读危机的原因之一。人生观和生活方式等**因素**也会影响阅读量。有些人宁可**挤**时间打麻将、玩网络游戏，也不去阅读，因为他们认为读书不好玩，还比较**费**脑子，②**况且**也没有什么现实的好处。专家认为，③只有阅读成为**自觉**需要和**主动行为**时，阅读量才能增大，"好读书"也才能成为一种社会风气。

莫言接受媒体采访时也表示，现在娱乐和休闲方式特别多，肯定占用了文学阅读的时间。但相信大家玩了一**圈**回来，也许会**重新**抱起一本书，**体验**读书带来的乐趣。

Zhōngguó zuòjiā Mò Yán huòdé èrlíngyī'èr nián Nuòbèi'ěr Wénxuéjiǎng yǐlái, tā de zuòpǐn jiù **bèi** shòu huānyíng, wúlùn **shítǐ** shūdiàn háishi wǎngluò shūchéng dōu chūxiàn le yì shū nán qiú de **júmiàn**.

Zài **mǒu** túshūchéng, jìzhě kàn dào, Mò Yán de zuòpǐn zǎoyǐ shòu guāng, dàn háiyǒu hěn duō dúzhě qiánlái gòumǎi, yùdìng liàng yǐ **dá** jìn bǎi běn. Chén xiānsheng zhèngzài shūjià qián fānyuè yì běn xiǎoshuō. Tā gàosu jìzhě, zìjǐ cóng méiyǒu kàn guo Mò Yán de shū, duì Mò Yán běnrén yě bù zěnme liǎojiě, tīngdào Mò Yán huò jiǎng de **xiāoxi** hòu jiù xiǎng mǎi běn tā de shū kànkan.

Wǎngluò shang yě **xiān** qǐ le **kōngqián** de "Mò Yán rè". Guónèi gè dà wǎngzhàn jūn tuīchū le Mò Yán **zhuāntí**, dàn dà bùfen shū dōu chǔyú **quē**huò zhuàngtài. Zài Dāngdāngwǎng xīnshū rèmài **bǎng** shang, Mò Yán de xīn **bǎn**《Fēngrǔ Féitún》páimíng dì yī.

Rán'ér, zài Mò Yán zuòpǐn huò rèpěng de bèihòu, bù kě **hūshì** de què shì Zhōngguó mínzhòng de "yuèdú **wēijī**".

①**Jù** dì jiǔ cì quánguó guómín yuèdú diàochá **xiǎnshì**, èrlíngyīyī nián wǒ guó rénjūn dúshū liàng jǐn wéi sìdiǎnsān běn, yuǎn dī yú Rìběn、Fǎguó、Hánguó děng guójiā.

Jìzhě zài shūdiàn **suíjī cǎifǎng** le jǐ wèi gòushūzhě. Xiǎozhāng shì yí wèi zàixiào xuésheng, tā shuō zìjǐ píngshí zhǐ kàn yǔ zhuānyè yǒuguān de shū, wénxué zuòpǐn dú de hěn shǎo. Jīnnián èrshísān suì de Xiǎoqí shì yì míng qìchē xiāoshòu rényuán. Tā shuō: "yǐqián shàngxué de shíhou yě huì kàn yìxiē xiǎoshuō、zázhì. Xiànzài gōngzuò le, **kòngxián** shíjiān tài shǎo, fǎn'ér méi shíjiān kàn shū le".

Zhuānjiā **fēnxī** shuō, mángyú gèzhǒng shìqing ér méiyǒu shíjiān yuèdú shì chǎnshēng yuèdú wēijī de yuányīn zhī yī. Rénshēngguān hé shēnghuó fāngshì děng **yīnsù** yě huì yǐngxiǎng yuèdúliàng. Yǒuxiē rén nìngkě jǐ shíjiān dǎ májiàng、wán wǎngluò yóuxì, yě bú qù yuèdú, yīnwèi tāmen rènwéi dúshū bù hǎo wán, hái bǐjiào **fèi nǎozi**, ②**kuàngqiě** yě méiyǒu shénme xiànshí de hǎochu. Zhuānjiā rènwéi, ③**zhǐyǒu** yuèdú chéngwéi **zìjué** xūyào hé **zhǔdòng xíngwéi** shí, yuèdúliàng cái néng zēngdà, "hào dúshū" yě cái néng chéngwéi yì zhǒng shèhuì **fēngqì**.

Mò Yán jiēshòu méitǐ cǎifǎng shí yě biǎoshì, xiànzài yúlè hé xiūxián fāngshì tèbié duō, kěndìng zhànyòng le wénxué yuèdú de shíjiān. Dàn xiāngxìn dàjiā wán le yì **quān** huílai, yěxǔ huì **chóngxīn** bào qǐ yì běn shū, **tǐyàn** dúshū dàilái de lèqù.

第6单元 你还记得读书的快乐吗？

3 生词

Vocabulary

1	文学	wénxué	n.	literature	16	显示	xiǎnshì	v.	show
2	备	bèi	adv.	very much	17	随机	suíjī	adj.	random
3	实体	shítǐ	n.	entity	18	采访	cǎifǎng	n.	interview
4	局面	júmiàn	n.	situation	19	空闲	kòngxián	adj.	idle
5	某	mǒu	pron.	some	20	分析	fēnxī	v.	analyze
6	达	dá	v.	amount to	21	因素	yīnsù	n	factor
7	消息	xiāoxi	n.	message	22	挤	jǐ	v.	squeeze
8	掀	xiān	v.	lift	23	费	fèi	v.	waste
9	空前	kōngqián	adj.	unprecedented	24	自觉	zìjué	adv.	consciously
10	专题	zhuāntí	n.	topic	25	主动	zhǔdòng	adj.	active
11	缺	quē	v.	lack	26	行为	xíngwéi	n.	behavior
12	榜	bǎng	n.	chart	27	风气	fēngqì	n.	ethos
13	版	bǎn	n.	edition	28	圈	quān	n.	circle
14	忽视	hūshì	v.	ignore	29	重新	chóngxīn	adv.	newly
15	危机	wēijī	n.	crisis	30	体验	tǐyàn	v.	experience

注 释 Note：

麻将：一种棋牌类益智游戏。用竹子、骨头或塑料制成的小长方块，上面刻有花纹或字样，每副136张。Mahjong is a type of puzzle game similar to cards or chess. Tiles made of bamboo, bone, or plastic which are engraved with patterns or words are used to play the game, and each set of tiles has a total of 136 pieces.

4 语言点

Language points

 据

介词，表示根据、依据。其后常跟动词。A preposition meaning "according to", it is usually followed by a verb.

常用表达式：据……V

(1) 据医生说，我的病很快就好了。
(2) 据有关数据统计（tǒngjì），今年高考人数将比去年增加5%。
☞ (3) 据第九次全国国民阅读调查显示，2011年我国人均读书量仅为4.3本。

> **练一练 Practice**
>
> (1) 据北京晚报报道，昨天在中关村发生了一起重大交通事故。
> (2) 据＿＿＿＿＿说，今明两天北京地区将有大雨。
> (3) 据＿＿＿＿＿统计，今年将有2万人参加新HSK考试。
> (4) 据＿＿＿＿＿估计，"十一"黄金周将＿＿＿＿＿＿＿＿＿。

② 况且

连词，表示进一步申述理由或追加理由。常和"又、也、还"搭配使用。As a conjunction it indicates a further step to explain a reason in detail, or add an additional reason. It is often used in conjunction with 又, 也, or 还.

(1) 时间还早，况且路也不太远，肯定能按时赶到。
(2) 这种手机外观（wàiguān）漂亮，况且价格又不贵，你可以考虑买一个。
☞ (3) 他们认为读书不好玩，还比较费脑子，况且也没有什么现实的好处。

> **练一练 Practice**
>
> (1) 小明非常聪明，况且又勤奋努力，学习一定没问题。
> (2) 你刚来中国，况且＿＿＿＿＿，千万不要一个人到处乱走。
> (3) 明天是周末，况且＿＿＿＿＿，你和我们一起去爬山吧。
> (4) 考试很难，况且＿＿＿＿＿，所以我＿＿＿＿＿＿＿。

比较 况且/何况

这两个词都表示递进关系，用在复句后一分句的开头。常用于书面语。"何况"还可以用于反问句，语气更为肯定。Both these words indicate a progressive relationship, and are used at the start of the second clause in a complex sentence. They are usually used in written language. 何况 can also be used in a rhetorical question and has a more positive tone.

(1) 天气不好，况且明天又有考试，你还是别去爬山了。
(2) 连王奶奶每天都读书，何况咱们这些中学生呢？

③ 只有

连词，表示唯一的条件，多和副词"才"连用。A conjunction indicating a unique condition, it is often combined with the adverb 才.

(1) 你<u>只有</u>努力学习，<u>才</u>能顺利通过考试。
(2) <u>只有</u>冬天的时候，北京<u>才</u>会下大雪。
☞ (3) <u>只有</u>阅读成为自觉需要和主动行为时，阅读量<u>才</u>能增大。

练一练 Practice

(1) 只有多休息，你的病才能完全好。
(2) 只有老师说的话，孩子才_____。
(3) 只有_____，我才能考上那所好大学。
(4) 只有_____，才_____。

5 根据课文回答下列问题

Answer the questions below according to the text

1 为什么很多人都想买莫言的书？
2 "热卖"这个词是什么意思？
3 专家认为，造成阅读危机的原因是什么？
4 为什么有些人愿意玩麻将、玩网络游戏，却不愿意读书？
5 你认为有什么好方法能使大家主动读书呢？

6 根据课文，把下面的对话补充完整

Complete the dialogue below according to the text

记　者：最近莫言的书卖得怎么样？
书店老板：_____。（……以来，出现……局面）

记　者：您以前看过莫言的书吗？
陈先生：_____。（从没有……也不怎么……）

记　者：您喜欢看文学作品吗？

小 齐：	_____。（以前……现在反而……）
记 者：	如何使"好读书"成为一种社会风气呢？
专 家：	_____。（只有……才……）

7 双人活动

Pair work

请和你的同桌讨论一下，最近一年中，你们都读过哪些书。你为什么会选择这些书来读？

Discuss with your partner the books you have read in the last year, and why you chose them.

8 小组活动

Group work

张明是一名初中生，他最大的爱好就是看小说。爱情小说、历史小说、纪实小说……不管是什么小说，他都爱看。可是上了初中以后，学习的任务重了，作业量也多了。每天光作业就要写到晚上十点多，根本没有时间看小说。连看杂志的时间都没有了。老师和家长都说，学习是最重要的。这让张明很苦恼。

你有什么好的办法和建议帮助张明解决这个难题吗？请3—4人一组讨论一下。请使用下列常用表达式。

Zhang Ming is a first year student in middle school and his favorite hobby is reading. It could be romance, history, non-fiction… It doesn't matter what genre, he just loves reading. However, during school he will be immersed with study tasks and will have a huge amount of homework. Every day, completing homework alone will keep him up until at least 10pm and he will simply have no time to read. He won't even have time to read magazines. Teachers and parents all say that study is more important and this makes Zhang Ming feel very worried.

What advice and suggestions do you have for Zhang Ming to solve this difficult problem? Discuss your ideas in groups of 3–4, use the expressions below.

第6单元 你还记得读书的快乐吗？

常用表达式

1. 我认为……
2. 对……来说，……很重要
3. 培养阅读兴趣，可以……．
4. 与……相比，……更重要。
5. 既可以解决……又可以帮助……．

第 2 课 不要让书离我们越来越远
Búyào ràng shū lí wǒmen yuèláiyuè yuǎn

Don't Let Books Drift Any Further Away

1 热身活动

Warm-up

1. 根据下列图书的封面，请你给它们分类。According to the covers pictured below, classify the books into type.

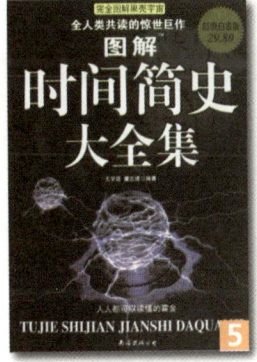

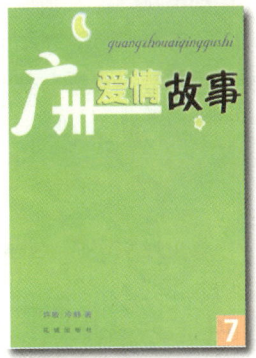

科学知识：_____ 历史故事：_____

爱情故事：_____ 生活知识：_____

2. 如果你想送给你的爷爷、爸爸、妈妈、弟弟和最好的朋友每人一本书。你会分别选择什么样的书送给他们？请说说原因。If you were to gift a book to each of your grandfather, father, mother, little brother and best friend, what type of book would you choose, and why?

2 课文

Text

　　随着生活节奏的加快和生活方式的**变革**，人们的阅读时间被占用，书离我们①<u>似乎</u>越来越**遥远**了。"一**盏**台灯伴**书卷**"的读书方式正在**悄然**改变。

许丽　　35岁　　居住地：中国上海　　　　　　　职业：咨询公司职员

我每天早上睁开眼的第一件事就是用手机点开微博，一边看新闻，一边转发自己的评论。与书本上的知识相比，我更需要通过报纸、网络、微博等**快捷**方式**获取**大量的信息，②<u>否则</u>我会觉得自己跟不上外面的世界。空闲时也用手机、ipad这类**新潮**的电子产品看看书。纸**质**的书一年也看不了一本，图书馆和书店几乎十年没去过了。

水田伯点　　30岁　　居住地：日本东京　　　　　职业：公司职员

在日本，看书的人也在**逐渐**减少，尤其是中小学生。工作之后，读书就更少了，最多也是读一些与工作**相关**的书。日本的职场压力太大，很多人③<u>根本无暇</u>读书。不过，**漫画依然**是日本人的最爱。不知道看漫画书算不算看书啊？电子书并不是我最喜欢的阅读方式。我还是喜欢纸质书，虽然它比较厚重，**携带**不方便，但我喜欢在书上做些**笔记**。

郭丽秀　　23岁　　居住地：马来西亚吉隆坡　　　　职业：英语老师

和大多数年轻人一样，我也喜欢参加一些**集体**的**社交**活动。但我还是愿意抽时间看看书。吉隆坡也有书展，但去的人都是上年纪的。年轻人④<u>一般</u>都不大喜欢看书，就算是电子书也不经常看，ipad更大的**用处**是用来玩游戏。

陈辛建　　19岁　　居住地：中国香港　　　　　　　职业：学生

我觉得学校里面看书的人还是挺多的，工作之后就不同了。因为工作忙、压力大，所以公交车上更多的人⑤<u>宁愿</u>选择睡觉而不是看书。在我们90后的年轻人中，电子书已经逐渐**取代**传统的书本，成为大家阅读的主流。我不认为看书看得多的人就有文化。学习有很多种**途径**，而看书只是其中的一种。

第2课 不要让书离我们越来越远

　　Suízhe shēnghuó jiézòu de jiākuài hé shēnghuó fāngshì de **biàngé**, rénmen de yuèdú shíjiān bèi zhànyòng, shū lí wǒmen ①**sìhū** yuèláiyuè **yáoyuǎn** le. "Yì zhǎn **táidēng** bàn **shūjuàn**" de dúshū fāngshì zhèngzài **qiǎorán** gǎibiàn.

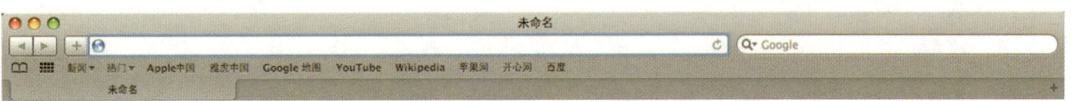

Xǔ Lì sānshíwǔ suì　Jūzhùdì: Zhōngguó Shànghǎi　Zhíyè: zīxún gōngsī zhíyuán

Wǒ měitiān zǎoshang zhēng kāi yǎn de dì yī jiàn shì jiù shì yòng shǒujī diǎn kāi wēibó, yìbiān kàn xīnwén, yìbiān zhuǎnfā zìjǐ de pínglùn. Yǔ shūběn shang de zhīshi xiāngbǐ, wǒ gèng xūyào tōngguò bàozhǐ、wǎngluò、wēibó děng **kuàijié** fāngshì **huòqǔ** dàliàng de xìnxī, ②**fǒuzé** wǒ huì juéde zìjǐ gēn bu shàng wàimiàn de shìjiè. Kòngxián shí yě yòng shǒujī、ipad zhè lèi **xīncháo** de diànzǐ chǎnpǐn kànkan shū. Zhǐzhì de shū yì nián yě kàn bu liǎo yì běn, túshūguǎn hé shūdiàn jīhū shí nián méi qù guo le.

Shuǐtián Bódiǎn　sānshí suì　Jūzhùdì: Rìběn Dōngjīng　Zhíyè: gōngsī zhíyuán

Zài Rìběn, kàn shū de rén yě zài **zhújiàn** jiǎnshǎo, yóuqí shì zhōng xiǎo xuéshēng. Gōngzuò zhīhòu, dúshū jiù gèng shǎo le, zuì duō yě shì dú yìxiē yǔ gōngzuò **xiāngguān** de shū. Rìběn de zhíchǎng yālì tài dà, hěn duō rén ③**gēnběn wúxiá** dúshū. Búguò, **mànhuà yīrán** shì Rìběnrén de zuì ài. Bù zhīdào kàn mànhuàshū suàn bu suàn kàn shū a? Diànzǐshū bìng búshì wǒ zuì xǐhuan de yuèdú fāngshì. Wǒ háishi xǐhuan zhǐzhì shū, suīrán tā bǐjiào hòuzhòng, **xiédài** bù fāngbiàn, dàn wǒ xǐhuan zài shū shang zuò xiē **bǐjì**.

Guō Lìxiù　èrshísān suì　Jūzhùdì: Mǎláixīyà Jílóngpō　Zhíyè: Yīngyǔ jiàoshī

Hé dàduōshù niánqīngrén yíyàng, wǒ yě xǐhuan cānjiā yìxiē **jítǐ** de **shèjiāo** huódòng. Dàn wǒ háishi yuànyì chōu shíjiān kànkan shū. Jílóngpō yě yǒu shūzhǎn, dàn qù de rén dōu shì shàng niánjì de. Niánqīngrén ④**yìbān** dōu bú dà xǐhuan kàn shū, jiùsuàn shì diànzǐshū yě bù jīngcháng kàn, ipad gèng dà de **yòngchu** shì yòng lái wán yóuxì.

Chén Xīnjiàn　shíjiǔ suì　Jūzhùdì: Zhōngguó Xiānggǎng　Zhíyè: xuésheng

Wǒ juéde xuéxiào lǐmiàn kàn shū de rén háishi tǐng duō de, gōngzuò zhī hòu jiù bùtóng le. Yīnwèi gōngzuò máng、yālì dà, suǒyǐ gōngjiāochē shang gèng duō de rén ⑤**nìngyuàn** xuǎnzé shuìjiào ér búshì kàn shū. Zài wǒmen jiǔlíng hòu de niánqīngrén zhōng, diànzǐ shū yǐjīng zhújiàn **qǔdài** chuántǒng de shūběn, chéngwéi dàjiā yuèdú de zhǔliú. Wǒ bú rènwéi kàn shū kàn de duō de rén jiù yǒu wénhuà. Xuéxí yǒu hěn duō zhǒng **tújìng**, ér kàn shū zhǐshì qízhōng de yì zhǒng.

93

3 生词 6-04

Vocabulary

1	变革	biàngé	v.	change
2	遥远	yáoyuǎn	adj.	far
3	盏	zhǎn	num.	a measure word for lamps
4	台灯	táidēng	n.	lamp
5	伴	bàn	v.	accompany
6	卷	juàn	n.	book
7	悄然	qiǎorán	adv.	quietly
8	快捷	kuàijié	n.	shortcut
9	获取	huòqǔ	v.	access
10	新潮	xīncháo	adj.	trendy
11	质	zhì	n.	substance
12	逐渐	zhújiàn	adv.	gradually
13	相关	xiāngguān	adj.	related
14	无暇	wúxiá	v.	have no time
15	漫画	mànhuà	n.	comic book
16	依然	yīrán	adv.	still
17	携带	xiédài	v.	carry
18	笔记	bǐjì	n.	note
19	集体	jítǐ	adj.	collective
20	社交	shèjiāo	adj.	social
21	用处	yòngchu	n.	use
22	取代	qǔdài	v.	replace
23	途径	tújìng	n.	way

注 释 Note：

微博：即微博客的简称，是网络用户分享信息、交流思想的平台。微博以140字左右的文字更新信息，并实现即时分享。2009年8月中国新浪网站推出"新浪微博"。2011年10月，中国微博用户总数达到2.498亿，成世界第一大国。This is the simple name of 微博客（Micro Blog）, a website which gives users a forum to share news and communicate thoughts. Users can input around 140 characters to update and instantly share their news. In August 2009, the Chinese website, Sina, launched "Sina Weibo". In October of 2011, the number of registered Chinese microbloggers totaled 249.8 million and became the world's largest microblogging nation.

语言点

Language points

1 似乎

副词，表示仿佛、好像。As an adverb it means "as if" or "seem like".

(1) 这个人我<u>似乎</u>在哪个地方见过。

(2) 这个语法点我<u>似乎</u>学过，可是却想不起来了。

☞ (3) **书离我们<u>似乎</u>越来越遥远了。**

练一练 Practice

(1) 这个生词老师似乎<u>以前讲过</u>。

(2) 这本小说我似乎_____。

(3) 这首歌我似乎_____。

(4) _____我似乎_____。

2 否则

连词，常放在两个分句中的后一小句的开头，表示"如果不是这样……"。As a conjunction usually placed at the start of the second clause in a two-clause sentence, it means 如果不是这样…….

常用表达式：……否则……

除非A……，否则B……

幸亏A……，否则B……

(1) 她一定有重要的事，<u>否则</u>不会迟到的。

(2) 除非你努力学习，<u>否则</u>很可能毕不了业。

☞ (3) 与书本上的知识相比，我更需要通过报纸、网络、微博等快捷方式获取大量的信息，<u>否则</u>我会觉得自己跟不上外面的世界。

练一练 Practice

(1) 这次考试她肯定没考好，否则<u>不会哭得这么厉害</u>。

(2) 除非他亲自向我道歉，否则我_____。

(3) 幸亏爸爸被及时送进了医院，否则_____。

(4) _____，否则我们_____。

3 根本

① 名词，表示事物的本源和最重要的部分。As a noun it indicates the source and most important part of an object.

(1) 要从<u>根本</u>解决城市的污染问题。

(2) 衣食住行，哪个才是生存的<u>根本</u>？

② 形容词，"最重要的、起决定作用的"。As an adjective it means "the most important" "playing a decisive role".

(1) 培养孩子好习惯的<u>根本</u>方法是什么？

(2) 不努力是学习不好的<u>根本</u>原因。

③ 副词，表示"本来、从来；完全、始终"。多用于否定句。As an adverb it means "originally" and "always" or "completely and always". It is usually used in a negative sentence.

(1) 这件事我<u>根本</u>不知道呀！

(2) 你的建议<u>根本</u>没有得到大家的同意。

☞ (3) **日本的职场压力太大，很多人<u>根本</u>无暇读书。**

> **练一练 Practice**
>
> (1) 这次考试太难了，很多问题我们根本<u>就没学过</u>。
> (2) 每天都要工作十六个小时，我们根本_____。
> (3) 这件事你可别问我，我根本_____。
> (4) 我的专业是_____，法律方面的问题我根本_____。

④ 一般

形容词，表示"普通、通常"的意思。As an adjective it indicates a meaning of "normal and ordinary".

(1) <u>一般</u>的词典里都可以查到这个生词。

(2) 他<u>一般</u>都会工作到晚上十二点才休息。

☞ (3) **年轻人<u>一般</u>都不大喜欢看书。**

> **练一练 Practice**
>
> (1) 老师只讲难题，一般的题<u>让学生自己做</u>。
> (2) 难的汉字写十遍才能记住，一般的汉字_____。
> (3) 平时我在图书馆学习，周末我一般_____。
> (4) 张东性格_____，一般喜欢_____。

⑤ 宁愿

副词，表示在做比较之后，选择其中一种。意思与"宁可、宁肯"相同。As an adverb it indicates a choice made after making a comparison. It is equivalent to 宁可 and 宁肯.

常用表达式：宁愿A……，也不B……
　　　　　　宁愿A……，而不是B……

(1) 我<u>宁愿</u>自己多干点儿，也不愿意去麻烦别人。

(2) 我<u>宁愿</u>选择独身，也不愿意和不爱的人结婚。
☞ (3) 公交车上更多的人<u>宁愿</u>选择睡觉而不是看书。

练一练 Practice

(1) 我宁愿<u>吃米饭</u>，也不<u>吃面条儿</u>。
(2) 他宁愿自己吃苦受累，也不_____。
(3) 我宁愿自己去打工挣钱，而不是_____。
(4) 我宁愿_____，也不_____。

5 根据课文回答问题

Answer the questions below according to the text

1　许丽为什么不喜欢看纸质的书？
2　水田伯点为什么不喜欢电子书？
3　马来西亚的年轻人喜欢什么活动？
4　文章最后一段中的"主流"是指什么？
5　陈辛建认为"学习"和"看书"是什么关系？

6 在课文中找出与下列句中画线部分意思相近的词语

Find language in the text which has a similar meaning to the underlined words and expressions below

1　今年的冬天<u>好像</u>比往年冷一些。　　　　　　　　　　　　　_____
2　由于网络购物<u>又快又方便</u>，所以越来越多的人开始选择网购。　_____
3　来北京六个月了，我已经<u>慢慢地</u>适应了这里的气候和生活环境。_____
4　大学毕业十年了，可我<u>仍然</u>很怀念那段校园时光。　　　　　_____
5　网上购物有<u>代替</u>实体商店购买的趋势。　　　　　　　　　　_____

7 双人活动

Pair work

随着新型电子产品的不断出现，纸质图书遇到了很大的挑战。请和你的同桌一起讨论一下，除了纸质图书以外，还有哪些电子产品可以作为阅读工具？你喜欢怎样的阅读方式？

With the continual emergence of new electronic products, paper reading materials are meeting a great challenge. Discuss with your partner which electronic alternatives to paper can be used as reading tools. Which method of reading do you prefer?

8 小组活动

Group work

随着科技的发展，越来越多的年轻人选择了电子产品来代替纸质图书。在地铁、公交汽车、火车、飞机……我们随处可以看到拿着手机和ipad看新闻、看小说的人。而拿着纸质图书阅读的人却难得一见。

请3—4位同学一组，开展一个小型的讨论会，题目是"电子产品可以代替纸质图书吗？"请使用下列常用表达式。

With the development of technology, more and more young people are choosing electronic reading devices over paper. On the subway, the bus, the train, the plane... all over we can see people taking out their iPads or cell phones to read the news or read books. Meanwhile, it's hard to find even one person holding a paper book.

In groups of 3–4, hold a short discussion with the topic of: 电子产品可以代替纸质图书吗？ Use the expressions below.

常用表达式

1. 常见的电子产品包括……
2. ……的优势是……
3. 但是它的缺点是……
4. 与……相比……
5. 总而言之，……

第7单元

Jiāotōng gōngjù de biànqiān
交通工具的变迁
The Change of Vehicle

任务介绍 Introduction

在你们国家，人们每天出行使用什么交通工具呢？以前，自行车是中国人生活中主要的交通工具，后来出现了摩托车、公交车、地铁，现在拥有私人汽车的家庭越来越多。这一变化尽管给老百姓的生活带来了很多便利，但同时也带来了很多问题。人们对这个现象有不同的看法，让我们看看这些看法有没有道理。

在这一单元里，我们首先听听两个朋友谈谈他们所看到的中国交通工具的发展变化，然后讨论一下私家车的发展给中国社会带来哪些影响。

In your country, which modes of transport do you use when you head out every day? In the past, the bicycle was the main method of getting from A to B for Chinese people, it was followed by the motorbike, the bus, the subway and now more and more families own private cars. Although this change has brought great convenience to the common people, it has also created a lot of problems. People's opinions on the topic differ, so let's examine the views on both sides.

In this unit, we'll first listen to two friends discussing the development of transportation in China, then we'll discuss how the increasing use of private cars has affected Chinese society.

第 1 课 从"自行车王国"到"汽车时代"

From "Bike Kingdom" to "the Age of Cars"

1 热身活动

Warm-up

1. 请看下面的图片，说说他们都在做些什么？Look at the pictures below, what are the people doing?

1. _____

2. _____

3. _____

4. _____

5. _____

6. _____

2. 请思考一下，在你居住的城市，人们出门会使用什么交通工具呢？为什么？Which modes of transport are most commonly used in the city in which you live, and why?

交通工具 Transport	原 因 Reasons
自行车	我住的城市不大，公司离家也不远，每天骑自行车上班只要二十分钟
公交车	
地铁	
私家车	

2 对 话
Conversation

A：来中国以前，我听说中国是"自行车**王国**"，人们都喜欢骑自行车。

B：你说的没错儿，不过，那是三十年前的事了。那时候，汽车对普通中国家庭来说，还是**奢侈品**，①再加上公交车也不多，因此自行车成了人们生活中主要的交通工具。

A：我觉得骑自行车很好啊，简单易学，又方便停放，除了**省**钱，还能锻炼身体呢！

B：我同意。我的第一辆自行车是上高中的时候我爸爸给我买的。那时候，**拥有**一辆**崭新**的自行车是件让人特别兴奋的事。我还记得跟同学们骑车上下学、购物，甚至去郊游的日子。真**怀念**那个自行车时代！

A：②看来，自行车在给人们的生活带来方便的同时，**确实**也给人们增添了乐趣。③既然骑自行车的好处这么多，那为什么现在骑自行车的人越来越少了呢？

B：随着中国经济的快速发展，人们生活水平的不断提高，到了上**世纪**八十年代，**摩托车**逐渐成为人们的**新宠**。现在，自行车、摩托车正在被新的交通工具所取代。**老百姓**出门"打的"已是**家常便饭**。**私家车**也**逐年**增多，给普通百姓的生活"安"上了**车轮**。④特别是在北京、上海这样的大城市，由于城市**规模**的**扩大**，很多人从居住地到工作地的距离大大增加。如果还骑自行车就太不方便了，也不太现实。

A：有私家车当然很方便，可是也会带来很多问题。中国人口多，城市很**拥挤**。如果人人都有汽车，不但停车是个问题，**空气**污染也会很严重。我认为应该发展公共交通，这样做，可能对大多数中国人更有帮助。

第7单元 交通工具的变迁

B: 其实，中国的公共交通**建设**还是相当不错的。拿北京来说，公交车、地铁、**城铁四通八达**，而且价格便宜。政府**提倡**人们"绿色出行"，**尽量使用**公共交通工具，减少空气污染和交通**堵塞**。

A: Lái Zhōngguó yǐqián, wǒ tīngshuō Zhōngguó shì "zìxíngchē **wángguó**", rénmen dōu xǐhuan qí zìxíngchē.

B: Nǐ shuō de méicuò, búguò, nà shì sānshí nián qián de shì le. Nà shíhou, qìchē duì pǔtōng Zhōngguó jiātíng lái shuō, háishi **shēchǐpǐn**, ①<u>zài jiā shang</u> gōngjiāo chē yě bù duō, <u>yīncǐ</u> zìxíngchē chéng le rénmen shēnghuó zhōng zhǔyào de jiāotōng gōngjù.

A: Wǒ juéde qí zìxíngchē hěn hǎo a, jiǎndān yìxué, yòu fāngbiàn tíngfàng, chú le **shěng** qián, hái néng duànliàn shēntǐ ne!

B: Wǒ tóngyì. Wǒ de dì yī liàng zìxíngchē shì shàng gāozhōng de shíhou wǒ bàba gěi wǒ mǎi de. Nà shíhou, **yōngyǒu** yí liàng **zhǎnxīn** de zìxíngchē shì jiàn ràng rén tèbié xīngfèn de shì. Wǒ hái jìde gēn tóngxuémen qíchē shàng xià xué, gòuwù, shènzhì qù jiāoyóu de rìzi. Zhēn **huáiniàn** nàge zìxíngchē shídài!

A: ②<u>Kànlái</u>, zìxíngchē zài gěi rénmen de shēnghuó dàilái fāngbiàn de tóngshí, **quèshí** yě gěi rénmen zēngtiān le lèqù. ③<u>Jìrán</u> qí zìxíngchē de hǎochu zhème duō, <u>nà wèishénme</u> xiànzài qí zìxíngchē de rén yuèláiyuè shǎo le ne?

B: Suízhe Zhōngguó jīngjì de kuàisù fāzhǎn, rénmen shēnghuó shuǐpíng de búduàn tígāo, dào le shàng **shìjì** bāshí niándài, **mótuōchē** zhújiàn chéngwéi rénmen de **xīnchǒng**. Xiànzài, zìxíngchē, mótuōchē zhèng zài bèi xīn de jiāotōng gōngjù suǒ qǔdài. Lǎobǎixìng chūmén "dǎ dī" yǐ shì **jiācháng biànfàn**. Sījiāchē yě **zhúnián** zēng duō, gěi pǔtōng bǎixìng de shēnghuó "**ān**" shàng le **chēlún**. ④<u>Tèbié shì</u> zài Běijīng, Shànghǎi zhèyàng de dà chéngshì, yóuyú chéngshì **guīmó** de **kuòdà**, hěn duō rén cóng jūzhùdì dào gōngzuòdì de jùlí dà dà zēngjiā. Rúguǒ hái qí zìxíngchē jiù tài bù fāngbiàn le, yě bú tài xiànshí.

A: Yǒu sījiāchē dāngrán hěn fāngbiàn, kěshì yě huì dàilái hěn duō wèntí. Zhōngguó rénkǒu duō, chéngshì hěn **yōngjǐ**. Rúguǒ rén rén dōu yǒu qìchē, búdàn tíng chē shì ge wèntí, **kōngqì** wūrǎn yě huì hěn yánzhòng. Wǒ rènwéi yīnggāi fāzhǎn gōnggòng jiāotōng, zhèyàng zuò, kěnéng duì dàduōshù Zhōngguórén gèng yǒu bāngzhù.

B: Qíshí, Zhōngguó de gōnggòng jiāotōng **jiànshè** háishi xiāngdāng búcuò de. Ná Běijīng lái shuō, gōngjiāochē, dìtiě, **chéngtiě** sì tōng bā dá, érqiě jiàgé piányi. Zhèngfǔ **tíchàng** rénmen "lǜsè chūxíng", **jǐnliàng shǐyòng** gōnggòng jiāotōng gōngjù, jiǎnshǎo kōngqì wūrǎn hé jiāotōng **dǔsè**.

3 生词 🎧 7-02

Vocabulary

1	王国	wángguó	n.	kingdom
2	奢侈品	shēchǐpǐn	n.	luxury good
3	省	shěng	v.	save
4	拥有	yōngyǒu	v.	own
5	崭新	zhǎnxīn	adj.	brand-new
6	怀念	huáiniàn	v.	miss
7	确实	quèshí	adv.	indeed
8	世纪	shìjì	n.	century
9	摩托车	mótuōchē	n.	motorbike
10	新宠	xīnchǒng	n.	new favorite
11	老百姓	lǎobǎixìng	n.	the common people
12	家常便饭	jiācháng biànfàn		homely food
13	私家车	sījiāchē	n.	private car
14	逐年	zhúnián	adv.	year after year
15	安	ān	v.	install
16	车轮	chēlún	n.	wheel
17	规模	guīmó	n.	scale
18	扩大	kuòdà	n.	expansion
19	拥挤	yōngjǐ	adj.	crowded
20	空气	kōngqì	n.	air
21	建设	jiànshè	n.	construction
22	城铁	chéngtiě	n.	suburban railway
23	四通八达	sì tōng bā dá		extended in all directions
24	提倡	tíchàng	v.	encourage
25	尽量	jǐnliàng	adv.	as much as possible
26	使用	shǐyòng	v.	use
27	堵塞	dǔsè	n.	(traffic) jam

4 语言点

Language points

① ……，再加上……，因此……

表示因果关系。"再加上"用于连接两个原因。This indicates a causal relationship. 再加上 is used to link two reasons.

常用表达式：(原因一)，再加上（原因二），因此+（结果）。

(1) 他的妈妈是中国人，<u>再加上</u>他很喜欢中国文化，<u>因此</u>他想去中国留学。

(2) 乐乐不喜欢吃饭，<u>再加上</u>常常吃零食，<u>因此</u>身体越来越不好。

☞ (3) 那时候，汽车对普通中国家庭来说，还是奢侈品，<u>再加上</u>公交车也不多，<u>因此</u>自行车成了人们生活中主要的交通工具。

练一练 Practice

(1) 他刚到外国还不适应，再加上学习压力很大，因此生病了。

(2) _____，再加上_____，因此搬到校外住了。

103

(3) ＿＿＿＿＿＿，再加上＿＿＿＿＿＿，因此决定只租房不买房。
(4) ＿＿＿＿＿＿，再加上＿＿＿＿＿＿，因此学中文的人越来越多。

② 看来

插入语，表示推测。This is a parenthetical indicating speculation.

常用表达式：看来 + 句子

(1) 我们等他已经等了半个小时了，看来，他不会来看电影了。
(2) 他常常给我们讲他在中国旅行的故事，看来，那真是一次愉快的经历。
☞ (3) **看来，自行车在给人们的生活带来方便的同时，确实也给人们增添了乐趣。**

练一练 Practice

(1) 他去书店购买了很多关于武术的书，看来他对武术很有兴趣。
(2) 电影院里大部分座位都是空的，看来＿＿＿＿＿＿。
(3) 他的奶奶每天上网看新闻，还跟孙子视频聊天，看来＿＿＿＿＿＿。
(4) 她最近常常疯狂购物，看来＿＿＿＿＿＿。

③ 既然……，那为什么……呢？

"既然"用于复句的前一分句，提出已成为现实或已肯定的前提，后一分句根据这个前提推出结论或给出建议。既然 is used in the preceding clause of a complex sentence. It puts forward that due to a premise which has already occurred or is certain, a given conclusion or suggestion can follow.

(1) 既然我们来了北京，那为什么不尝尝北京烤鸭呢？
(2) 既然你不是真的需要这些东西，那为什么还买呢？
☞ (3) **既然骑自行车的好处这么多，那为什么现在骑自行车的人越来越少了呢？**

练一练 Practice

(1) 既然使用公共交通既便宜又方便，那为什么还要自己开车呢？
(2) 既然你对这个专业没有兴趣，那为什么＿＿＿＿＿＿？
(3) 既然可以贷款买房，那为什么＿＿＿＿＿＿？
(4) 既然玩电脑游戏会影响学习，那为什么＿＿＿＿＿＿？

④ ……，特别是……

前一分句介绍一般情况，"特别是"后的分句从同类事物中提出某一事物加以说明。"特别是"引进的分句中，如果谓语与前一分句的谓语相同，可以省去。The preceding clause introduces a general situation, 特别是 is then followed by a specific case which is used to illustrate the point. If the predicate following 特别是 is equivalent to the predicate in the preceding clause, it can be omitted.

常用表达式：一般情况 + 特别是 + 特别的例子

(1) 那家饭馆的菜很好吃，特别是他们的糖醋鱼。

(2) 我想去中国南方的城市看看，特别是苏州、杭州。

☞ (3) 私家车也逐年增多，给普通百姓的生活"安"上了车轮。特别是在北京、上海这样的大城市……

练一练 Practice

(1) 我很喜欢学语言，特别是中文。

(2) 我很喜欢运动，特别是_____。

(3) 她非常喜欢购物，特别是_____。

(4) 中国人的观念有了很大的变化，特别是_____。

5 根据对话回答下列问题

Answer the questions below according to the conversation

1 在中国，为什么三十年前，自行车是人们主要的交通工具？
2 骑自行车有哪些好处？
3 为什么现在骑自行车的人越来越少了？
4 私家车的增加带来哪些问题？
5 中国政府怎么解决私家车带来的问题？

6 根据对话，把下面的对话补充完整

Complete the dialogue below according to the conversation

A： 为什么说三十年前的中国是"自行车王国"？
B： _____。（……，再加上……，因此……）
A： 你拥有第一辆自行车时感觉怎么样？
B： _____。（……甚至……）
A： 现在拥有私家车的中国家庭多吗？
B： _____。（特别是|由于）
A： 中国人口多，城市拥挤，要是人人都有汽车，那空气污染一定会很严重吧？
B： 我认为_____。（提倡|尽量）

第7单元 交通工具的变迁

7 双人活动

Pair work

说说骑自行车和开私家车各有什么好处和坏处。
Discuss the advantages and disadvantages of riding a bike and driving a car.

	骑自行车 *Riding a bike*	开私家车 *Driving a car*
好　处 *Advantages*		
坏　处 *Disadvantages*		

8 小组活动

Group work

　　大学毕业以后，小张已经工作了五年了。由于住的地方离公司比较远，他一直在存钱，打算买车，现在差不多有六万块钱了。要是再向银行贷点儿款，就能买辆不错的汽车。可是最近，"租车"也开始在公司里的年轻人中流行，似乎也是不错的选择。如果你是小王，你会买车还是租车呢？

　　请3—4人一组讨论一下。请使用下列常用表达式。

　　Since graduating from university, Zhang has already been working for five years. Because he lives quite far from the company, he has been saving up to buy a car and now has about 60,000 yuan. If he takes a loan from the bank, he will be able to buy a pretty decent car. Recently however, hiring cars has become popular among the young people in the company and seems to be a good choice. If you were Zhang, would you buy or hire a car?

　　Discuss in groups of 3–4, use the expressions below.

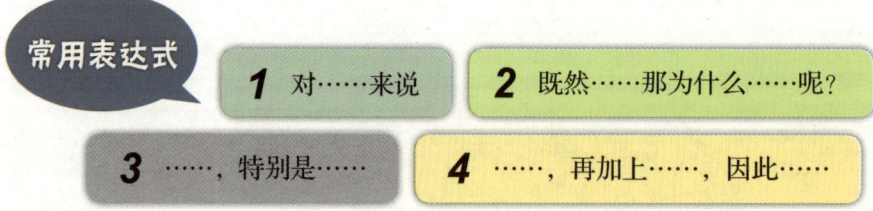

常用表达式
1 对……来说
2 既然……那为什么……呢？
3 ……，特别是……
4 ……，再加上……，因此……

第 2 课 私家车数量需限制
Sījiāchē shùliàng xū xiànzhì
The Number of Private Cars Should Be Limited

1 热身活动
Warm-up

1. 请看下面图片，说说私家车数量的增加给人们的生活带来了哪些问题。Look at the pictures below and say what kinds of problems the increasing number of private cars has brought.

1. _____

2. _____

3. _____

4. _____

5. _____

6. _____

2. 请思考一下，拥有私家车跟坐公共交通工具相比有哪些好处？并举例说明。What are the advantages of owning a private car over using public transportation? Can you give examples?

好 处 Advantages	举 例 Examples
1. 方便	想走就走，不用像公交车、地铁那样需要等待
2.	
3.	
4.	

107

第7单元 交通工具的变迁

2 课文

Text

随着生活水平和消费水平的快速提高,越来越多的北京居民成了"有车一族"。**统计数字**显示,2011年,北京市私家车的**数量**已经**超过**500万辆。汽车数量的增加产生了一系列问题,如空气污染、**噪音**、道路拥挤和**石油短缺**。这些问题在社会上**引发**了一场**争论:是否**应该**鼓励**市民买私家车?

许多人认为北京**必须限制**私家车的增加。原因很**明显**:①<u>首先</u>,由于大量汽车**尾气**带来的空气污染,私家车已经成为主要污染**源**,如果私家车数量**持续**增加,**必然**会**导致**空气质量继续下降,加大空气污染;<u>其次</u>,私家车的**普及**带来了让人无法**忍受**的交通堵塞,人们买车是为了快捷、舒适,可是私家车越多道路越拥挤,我们反而失去了**效率**和速度;<u>第三</u>,私家车停放与停车位不足的矛盾日益严重,停车位紧张的时候,街道两旁,甚至人行道上都变成了**临时**"停车场",给行人和其他车辆带来了很大的不便;<u>最后</u>,中国人口众多,而石油资源有限,汽车**行业**对石油的需求量逐年增加,必然会导致浪费。

也有人认为,人们的生活水平提高了,当然希望过得更**舒适**些。目前的交通问题并不只是私家车增多的**结果**,而是由于道路的发展②赶不上汽车的增加。因此,要解决交通问题,最根本的办法是发展公共交通。另外,培养市民正确的交通**意识**,适当地选择出行方式也很重要。

Suízhe shēnghuó shuǐpíng hé xiāofèi shuǐpíng de kuàisù tígāo, yuèláiyuè duō de Běijīng jūmín chéng le "yǒu chē yì zú". Tǒngjì shùzì xiǎnshì, èrlíngyīyī nián, Běijīngshì sījiāchē de **shùliàng** yǐjing **chāoguò** wǔ bǎiwàn liàng. Qìchē shùliàng de zēngjiā chǎnshēng le yí xìliè wèntí, rú kōngqì wūrǎn、**zàoyīn**、dàolù yōngjǐ hé shíyóu duǎnquē. Zhèxiē wèntí zài shèhuì shang yǐnfā le yì chǎng zhēnglùn: shìfǒu yīnggāi gǔlì shìmín mǎi sījiāchē?

Xǔduō rén rènwéi Běijīng bìxū xiànzhì sījiāchē de zēngjiā. Yuányīn hěn míngxiǎn:① shǒuxiān, yóuyú dàliàng qìchē wěiqì dàilái de kōngqì wūrǎn, sījiāchē yǐjīng chéngwéi zhǔyào wūrǎnyuán, rúguǒ sījiāchē shùliàng chíxù zēngjiā, bìrán huì dǎozhì kōngqì zhìliàng jìxù xiàjiàng, jiādà kōngqì wūrǎn; qícì, sījiāchē de pǔjí dàilái le ràng rén wúfǎ rěnshòu de jiāotōng dǔsè, rénmen mǎi chē shì wèile kuàijié、shūshì, kěshì sījiāchē yuè duō dàolù yuè yōngjǐ, wǒmen fǎn'ér shīqù le xiàolǜ hé sùdù; dìsān, sījiāchē tíngfàng yǔ tíngchēwèi bùzú de máodùn rìyì yánzhòng, tíngchēwèi jǐnzhāng de shíhou, jiēdào liǎngpáng, shènzhì rénxíngdào shang dōu biànchéng le línshí "tíngchēchǎng", gěi xíngrén hé qítā chēliàng dàilái le hěn dà de búbiàn; zuìhòu, Zhōngguó rénkǒu zhòngduō, ér shíyóu zīyuán yǒuxiàn, qìchē hángyè duì shíyóu de xūqiúliàng zhúnián zēngjiā, bìrán huì dǎozhì làngfèi.

Yě yǒurén rènwéi, rénmen de shēnghuó shuǐpíng tígāo le, dāngrán xīwàng guò de gèng shūshì xiē. Mùqián de jiāotōng wèntí bìng bù zhǐshì sījiāchē zēngduō de jiéguǒ, érshì yóuyú dàolù de fāzhǎn ② gǎn bu shàng qìchē de zēngjiā. Yīncǐ, yào jiějué jiāotōng wèntí, zuì gēnběn de bànfǎ shì fāzhǎn gōnggòng jiāotōng. Lìngwài, péiyǎng shìmín zhèngquè de jiāotōng yìshí, shìdàng de xuǎnzé chūxíng fāngshì yě hěn zhòngyào.

3 生　词 🎧 7-04

Vocabulary

1	族	zú	n.	group	15	明显	míngxiǎn	adj.	obvious
2	统计	tǒngjì	n.	statistics	16	尾气	wěiqì	n.	emission
3	数字	shùzì	n.	number	17	源	yuán	n.	source
4	数量	shùliàng	n.	quantity	18	持续	chíxù	v.	continue
5	超过	chāoguò	v.	surpass	19	必然	bìrán	adv.	inevitably
6	噪音	zàoyīn	n.	noise	20	导致	dǎozhì	v.	lead to
7	石油	shíyóu	n.	petrol	21	普及	pǔjí	v.	popularize
8	短缺	duǎnquē	n.	shortage	22	忍受	rěnshòu	v.	endure
9	引发	yǐnfā	v.	raise	23	效率	xiàolǜ	n.	efficiency
10	争论	zhēnglùn	n.	arguement	24	临时	línshí	adj.	temporary
11	是否	shìfǒu	adv.	whether	25	行业	hángyè	n.	industry
12	鼓励	gǔlì	v.	encourage	26	舒适	shūshì	adj.	comfortable
13	必须	bìxū	v.	must	27	结果	jiéguǒ	n.	consequence
14	限制	xiànzhì	v.	limit	28	意识	yìshí	n.	awareness

109

第7单元 交通工具的变迁

Language points

1 首先……，其次……，第三（再次）……，最后……

表示顺序或递进关系，用于列举事项。These indicate a sequential or progressive relationship and are used to list items.

(1) 在购买私家车的时候，<u>首先</u>要考虑价格，<u>其次</u>要比较功能，<u>第三</u>要看样子，<u>最后</u>还要了解售后服务。

(2) 想要健康<u>首先</u>要注意饮食，<u>其次</u>要经常锻炼，<u>最后</u>还要学会解压，保持快乐的心情。

☞ (3) **许多人认为北京必须限制私家车的增加。原因很明显：<u>首先</u>，……；<u>其次</u>，……；<u>第三</u>，……；<u>最后</u>，……。**

练一练 Practice

(1) 要想学好中文，首先要认真，其次要努力，第三要多跟中国人说话，最后还要经常用。

(2) 在网上购物的时候要小心。＿＿＿＿＿＿＿＿＿＿＿＿＿＿＿。

(3) 做中国菜并不难，＿＿＿＿＿＿＿＿＿＿＿＿＿＿＿＿＿＿。

(4) 现代人阅读量逐渐减少，原因有很多。＿＿＿＿＿＿＿＿＿＿。

2 A 赶不上 B

表示能力、水平、程度等跟不上，追不上。肯定形式是"赶得上"。This indicates not being able to keep up in ability, level or degree. Its positive form is 赶得上.

(1) 如果你不努力学习就会<u>赶不上</u>其他同学。

(2) 只有不断地学习才能<u>赶得上</u>社会的变化。

☞ (3) **目前的交通问题并不只是私家车增多的结果，而是由于道路的发展<u>赶不上</u>汽车的增加。**

练一练 Practice

(1) <u>每月收入的提高赶不上房价的提高。</u>

(2) 他的中文水平赶不上＿＿＿＿＿＿＿＿＿＿。

(3) 电脑技术的发展赶不上＿＿＿＿＿＿＿＿＿＿。

(4) 时代发展了，但是他的观念还很保守，赶不上＿＿＿＿＿＿＿＿＿＿。

5 根据课文回答问题

Answer the questions below according to the text

1 北京市汽车数量增加产生了哪些问题?
2 为什么很多人认为北京必须限制私家车的增加?
3 私家车的普及使人们的生活更快捷、更舒适,对吗?
4 为什么说私家车的增加必然会造成资源浪费?
5 解决交通问题最根本的办法是什么?

6 在课文中找出与下列句中画线部分意思相近的词语

Find language in the text which has a similar meaning to the underlined words and expressions below

1 随着人们生活水平的提高,私家车<u>一年比一年</u>增多。　　　　_____
2 父亲的病情还在<u>不断地</u>恶化,大家都很为他担心。　　　　　_____
3 如果每天都能放松心情,开开心心地工作生活,<u>一定</u>能让自己看起来更年轻。
　　　　　　　　　　　　　　　　　　　　　　　　　　　　　　_____
4 现在中国人的生活水平提高了,出国旅行早已成了<u>常见</u>的事。　_____
5 他只是<u>短期</u>在这儿办公,很快要回去的。　　　　　　　　　　_____

7 双人活动

Pair work

请和你的同桌谈谈自己在中国和别的国家开车、停车的经历。
With your partner, discuss your experience of driving and parking in China, and in other countries.

问 题	在中国	在_____
交通是否拥挤		

（续表）

问　题	在中国	在_____
油价高不高		
停车位是否紧张		
停车费高不高		
……		

8 小组活动

Group work

目前，私家车已经进入了普通百姓家，在给人们带来许多便利的同时，也给城市带来了交通堵塞、环境污染等问题。以"私家车消费与城市发展"为题，举办一个小型的辩论会。

正方的观点是：城市发展应该限制私家车数量。

反方的观点是：城市发展应该鼓励私家车消费。

要求正方和反方都要有足够的论据来论述自己的观点，表达正确，表述清楚。

Nowadays, private cars are commonplace among ordinary citizens. As well as providing great convenience, they also bring problems such as traffic jams and air pollution to cities. Open a small debate with the topic of: 私家车消费与城市发展.

The pro view is that urban developers should limit the number of private cars. The con view is that urban developers should encourage the use of private cars.

Both the pros and the cons must have enough talking points to discuss their views, and they must express themselves appropriately and clearly.

Guǎnggào shídài
广告时代
The Age of Advertising

第8单元
8

任务介绍 Introduction

现代社会广告无处不在，从电视到广播，从报纸到杂志，从公司到学校。广告已经成为人们生活的一部分，而广告的发展也体现了时代的进步和社会的发展。

在这一单元里，我们先来听听两个老朋友谈谈他们眼中标语广告的变化，再来看看各类广告给我们的生活带来哪些影响。

In modern society advertising is everywhere, from television to radio, from newspapers to magazines, from companies to schools. Advertising has already become a part of our lives, and its development reflects the progress of the times and the development of society.

In this unit, we will first listen to two old friends discuss how advertising has changed in their eyes, then see how different types of advert affect our lives.

第 1 课 从标语到商业广告
Cóng biāoyǔ dào shāngyè guǎnggào

From Propaganda Slogans to Commercial Adverts

1 热身活动
Warm-up

1. 请看下面的图片，说说这些标语的内容和作用是什么？Look at the pictures below. Can you say what the content of each slogan is, and what its function is?

1. _____ 2. _____ 3. _____

4. _____ 5. _____ 6. _____

2. 请思考一下，说说在你印象中比较有名的广告语和标语。What are some of the more famous advertising or propaganda slogans in your eyes?

序号	广告语/标语 Slogan
1	
2	
3	
4	

114

Conversation

 8-01

老李：长期在国外生活，每次回国都会感到国内**翻天覆地**的变化：从**拔地而起**的高楼大厦到四通八达的高速公路，从不断增加的**私人汽车**到**日新月异**的**标语广告**。

老张：是呀，**改革开放**三十多年[①]来，城市快速发展，交通建设也取得了巨大成绩，[②]至于标语广告，随着现在商品种类的增多，**内容**当然更**丰富**了。[③]记得上世纪七八十年代的时候，广告还**集中**在收音机、自行车、手表、缝纫机这些所谓的"四大件"上，到九十年代就出现了手机、汽车，各类家用**电器**甚至**护肤品**、**保健品**的广告。这些变化都**体现**了人们生活水平的提高。

老李：你说得没错。其实，从标语到广告，也经历了一个过程。以前在很多小学大门上都能看到毛主席写的八个大字："好好学习，天天向上"。大概每个中国小学生都知道这句话。那时候，道路两旁还常常可以看到"请**勿随地吐痰**""高高兴兴出门去，平平安安回家来"这**类**和日常生活有关的标语。还有一些**政治性**的**口号**，像"**中华人民共和国万岁**""**为人民服务**""**只生一个好**"等等。

老张：现在，这类政治性的标语已经大大减少了，**取而代之**的是各式各样**商业**性的广告，而广告的主要**功能**是给人们**提供**信息和服务。中国的标语广告从讲政治、喊口号到**以人为本**是一个巨大的进步，同时也说明人们的素质提高了。

老李：[④]说到**人性化**，这次回国一出首都机场，到处可见的标语"北京欢迎你"就让人觉得特别**亲切**。无处不在的标语广告体现时代特色，这就叫做"**与时俱进**"。

Lǎolǐ: Chángqī zài guówài shēnghuó, měicì huí guó dōu huì gǎndào guónèi **fān tiān fù dì** de biànhuà: cóng **bá dì ér qǐ** de gāolóu dàshà dào sì tōng bā dá de gāosù gōnglù, cóng búduàn zēngjiā de **sīrén** qìchē dào **rì xīn yuè yì** de biāoyǔ guǎnggào.

Lǎozhāng: Shì ya, gǎigé kāifàng sānshí duō nián ①lái, chéngshì kuàisù fāzhǎn, jiāotōng jiànshè yě qǔdé le jùdà chéngjì, ②zhìyú biāoyǔ guǎnggào, suízhe xiànzài shāngpǐn zhǒnglèi de zēngduō, nèiróng dāngrán gèng fēngfù le. ③Jìde shàng shìjì qībāshí niándài de shíhou, guǎnggào hái jízhōng zài shōuyīnjī、zìxíngchē、shǒubiǎo、féngrènjī zhèxiē suǒwèi de "sì dà jiàn" shang, dào jiǔshí niándài jiù chūxiàn le shǒujī、qìchē, gèlèi jiāyòng diànqì shènzhì hùfūpǐn、bǎojiànpǐn de guǎnggào. Zhèxiē biànhuà dōu tǐxiàn le rénmen shēnghuó shuǐpíng de tígāo.

Lǎolǐ: Nǐ shuō de méi cuò. Qíshí, cóng biāoyǔ dào guǎnggào, yě jīnglì le yí ge guòchéng. Yǐqián zài hěn duō xiǎoxué dàmén shang dōu néng kàndào Máo Zhǔxí xiě de bā ge dàzì: "hǎohāo xuéxí, tiāntiān xiàngshàng". Dàgài měige Zhōngguó xiǎoxuéshēng dōu zhīdào zhè jù huà. Nà shíhou, dàolù liǎngpáng hái chángcháng kěyǐ kàndào "qǐng wù suídì tǔ tán"、"gāogāoxìngxìng chūmén qù, píngpíng'ān'ān huíjiā lái" zhè lèi hé rìcháng shēnghuó yǒuguān de biāoyǔ. Háiyǒu yìxiē zhèngzhìxìng de kǒuhào, xiàng "Zhōnghuá Rénmín Gònghéguó Wànsuì"、"wèi rénmín fúwù"、"zhǐ shēng yí ge hǎo" děngděng.

Lǎozhāng: Xiànzài, zhè lèi zhèngzhìxìng de biāoyǔ yǐjing dà dà jiǎnshǎo le, qǔ ér dài zhī de shì gèshì gèyàng shāngyèxìng de guǎnggào, ér guǎnggào de zhǔyào gōngnéng shì gěi rénmen tígōng xìnxī hé fúwù. Zhōngguó de biāoyǔ guǎnggào cóng jiǎng zhèngzhì、hǎn kǒuhào dào yǐ rén wéi běn shì yí ge jùdà de jìnbù, tóngshí yě shuōmíng rénmen de sùzhì tígāo le.

Lǎolǐ: ④Shuō dào rénxìnghuà, zhè cì huíguó yí chū Shǒudū Jīchǎng, dàochù kě jiàn de biāoyǔ "Běijīng huānyíng nǐ" jiù ràng rén juéde tèbié qīnqiè. Wúchù bú zài de biāoyǔ guǎnggào tǐxiàn shídài tèsè, zhè jiù jiào zuò "yǔ shí jù jìn".

Vocabulary

1 翻天覆地 fān tiān fù dì tremendous
2 拔地而起 bá dì ér qǐ rise straight from the ground
3 私人 sīrén *adj.* private
4 日新月异 rì xīn yuè yì changing day by day

第1课 从标语到商业广告

5	标语	biāoyǔ	n.	slogan	19	政治性	zhèngzhìxìng	adj. political
6	广告	guǎnggào	n.	advertisement	20	口号	kǒuhào	n. slogan
7	改革开放	gǎigé kāifàng		Reform and Opening	21	中华人民共和国		
8	内容	nèiróng	n.	content			Zhōnghuá Rénmín Gònghéguó	
9	丰富	fēngfù	adj.	abundant				People's Republic of China
10	集中	jízhōng	v.	focus on	22	万岁	wànsuì	v. long live
11	电器	diànqì	n.	appliance	23	取而代之	qǔ ér dài zhī	replace
12	护肤品	hùfūpǐn	n.	skincare product	24	商业	shāngyè	n. commerce
13	保健品	bǎojiànpǐn	n.	healthcare product	25	功能	gōngnéng	n. function
14	体现	tǐxiàn	v.	indicate	26	提供	tígōng	v. provide
15	勿	wù	v.	do not	27	以人为本	yǐ rén wéi běn	people-oriented
16	随地	suídì	adv.	anywhere	28	人性化	rénxìnghuà	n. hommization
17	吐痰	tǔ tán	v.	spit	29	亲切	qīnqiè	adj. kind
18	类	lèi	n.	type	30	与时俱进	yǔ shí jù jìn	keep up with the times

注 释 Notes：

1 "四大件"：是在中国20世纪五十到七十年代人们日常生活中经常提到的一个词，指的是收音机、自行车、手表和缝纫机。这些都是当时普通老百姓希望拥有，却比较少有的四件家庭物品。改革开放以后老"四大件"被新"四大件"所取代，指的是冰箱、电视机、洗衣机和录音机。This is a word often used in the daily lives of Chinese mainlanders between the 1950s and 1970s. It refers to radios, bikes, watches and sewing machines. These were the items that the common people aspired to own, but were relatively rare in households. After China's Opening and Reform, the old 四大件 became a new 四大件 of fridges, TVs, washing machines and tape recorders.

2 毛主席：毛泽东。从1949到1976年，毛泽东是中国人民共和国的最高领导人，国家主席，所以被尊称为毛主席。This refers to Mao Zedong, the highest ranked leader in The People's Republic of China from 1949 to 1976, the Chairman of the nation. He is respectfully referred to as Chairman Mao.

第8单元 广告时代

4 语言点
Language points

1 ……来

"来"用在表示时间段的短语后面，表示从过去某时一直到现在的一段时期。来 is used after a time phrase to mean "from a certain time in the past continually until the present."

(1) 结婚三年<u>来</u>，他们一直在存钱，想买一辆自己的汽车。
(2) 他来中国以后，到各地旅行。两年<u>来</u>，他已经去过二十多个城市了。
☞(3) **改革开放三十多年<u>来</u>，城市迅速发展，交通建设也取得了巨大成绩**，至于标语广告，随着现在商品种类的增多，内容当然更丰富了。

练一练 Practice

(1) 我学中文已经两年了，<u>两年来我一直在努力</u>。
(2) 我在北京住了五个月了，_____。
(3) 他学中国武术已经学了五年了，_____。
(4) 他参加工作三十年来，_____。

2 至于

用于后一个分句，引出新的话题。This is used in a follow-on clause to introduce a new topic.
常用表达式：话题一……至于话题二……

(1) 这只是我自己的想法，<u>至于</u>别人怎么想，我就不清楚了。
(2) 妈妈说要来中国看我，<u>至于</u>什么时候来，还没决定。
☞(3) 改革开放三十多年来，城市迅速发展，交通建设也取得了巨大成绩，<u>至于</u>**标语广告，随着现在商品种类的增多，内容当然更丰富了。**

练一练 Practice

(1) 他是我们学校的老师，<u>至于他是哪个班的老师</u>，<u>我不太清楚</u>。
(2) 王先生喜欢甜的，_____王太太，_____。
(3) 这里的春天和秋天景色特别美，_____冬天和夏天，_____。
(4) 我只知道他们去中国旅行了，至于去哪个城市，_____。

3 记得……的时候

用于引出时间从句。This is used to elicit a time clause.

(1) <u>记得</u>上小学<u>的时候</u>，丽丽还是一个无忧无虑的小女孩。
(2) <u>记得</u>上次爬长城<u>的时候</u>，天气特别热，我们都累坏了。
☞(3) **<u>记得</u>上世纪七八十年代<u>的时候</u>，广告还集中在收音机、自行车、手表、缝**

118

纫机这些所谓的"四大件"上。

> **练一练 Practice**
>
> (1) 记得第一次来中国的时候，<u>我一句汉语也不会说</u>。
> (2) 记得我三岁的时候，_____。
> (3) 记得刚上大学的时候，_____。
> (4) 记得去年过生日的时候，_____。

4 说到……

指"谈到、谈起"，用于引出话题，后面是对这个话题加以评论的句子。Meaning 谈到 or 谈起, it is used to elicit a topic. What follows is a comment on the given topic.

(1) 说到小张，她特别会做菜，每次去她家，她都会给我们做几个拿手菜。
(2) 说到购物，我前几天心情不好，疯狂买东西。
☞ (3) 说到人性化，这次回国一出首都机场，到处可见的标语"北京欢迎你"就让人觉得特别亲切。

> **练一练 Practice**
>
> (1) 说到北京，<u>我就会想到长城和故宫</u>。
> (2) 说到职业选择，_____。
> (3) 说到贷款买房，_____。
> (4) 说到暑假去哪儿旅行，_____。

5 根据对话回答下列问题

Answer the questions below according to the conversation

1. 老李回国后发现祖国有哪些变化？
2. 与八十年代相比，现在标语广告在内容上有什么不同？
3. 以前道路两旁常常会看到哪些标语？有什么特点？
4. 商业性广告的功能主要是什么？
5. 为什么说标语广告的变化体现了社会进步？请你用自己的话说说"以人为本"是什么意思。

6 根据对话，用所给词语完成句子

According to the conversation, complete the sentences below with the words given

1 改革开放以前，商品种类比较少，因此广告_____。（丰富）
2 很多标语都是告诉人们怎么做事，怎么做人，至于广告_____
3 _____。（功能 | 提供）
4 现在政治性的标语已经大大减少了，_____。（取而代之）
5 老李很喜欢"北京欢迎你"这句标语，因为_____。（亲切 | 体现）

7 双人活动

Pair work

请你跟同桌说一说，在你们国家，街道两旁有标语广告吗？它们的内容和功能是什么呢？有哪些有名的广告语？

In your country, are there advertizing or propaganda slogans on the streets? What are their contents and purpose? Are there any famous advertising slogans?

8 小组活动

Group work

请找一个著名品牌，比如可口可乐，看看这个品牌的广告在过去十年、二十年，甚至三十年间有什么变化。这些变化跟社会的发展和人们思想的发展有什么关系呢？3—4人一组讨论一下，然后每组请一位同学代表本组向全班做一个口头报告。请使用下列常用表达式。

Think of a famous brand such as Coca-Cola and consider how its adverts have changed over the past 10, 20, or even 30 years. What relationship do these changes have with the development of society, or the changing of the way people think? Discuss in groups of 3–4, then choose one member of the group to give a presentation to the class. Use the expressions below.

常用表达式
1 ……至于……
2 ……是……的标志
3 A、B、C这类和……有关的……
4 ……集中在……
5 ……大大减少/增加

第 2 课　让人又爱又恨的广告

Ràng rén yòu ài yòu hèn de guǎnggào

Adverts We Both Love and Hate

1 热身活动

Warm-up

1. 请看下面的房屋出租广告，说说从这则广告你得到哪些信息。Look at the house rental advert below. Say what information you can gather from it.

   房屋出租
   本公司位于市中心甘石桥附近，东临银座晶都国际。现有库房170平米，办公楼第三层140平米（毛坯房，可根据客房需要简装）对外出租。水电暖齐全（免水、暖费）。院内可停车，传达室24小时值班。有意者面谈。
   联系人：杨先生
   电话：86603565

   1. _____
   2. _____
   3. _____
   4. _____
   5. _____
   6. _____

2. 请看下面的图片，说说这些图片分别是哪类广告？你在哪儿看到过这样的广告呢？你觉得这些广告给人们的生活带来了哪些影响？Look at the pictures below, what types of advert are represented? Where have you seen these kind of advertisements? How do you think these kinds of adverts affect peoples' lives?

1. _____
2. _____
3. _____

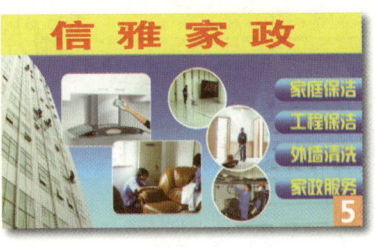

4. _____
5. _____
6. _____

第8单元 广告时代

2 课文

Text

倘若说我们正处在一个广告时代，这一点儿都不夸张。不信你随手拿起身边的报纸、杂志，打开电视试试？即使下班回家的路上，也有人往你车篮里塞红红绿绿的印刷品。当然，你也可能遇到过这种情况，正骑在自行车上，忽然觉得身后有响动，你以为熟人要搭车，回头才见一个小跑的人，把一份广告夹在你后车座上了……

广告时代，①顾名思义，就是说到处都充斥着广告。现在的减肥广告，铺天盖地，胖的人多了是不假，但从另一方面，也在提示我们：生活水平确实提高了，社会进步了、发展了。想必那些广告公司的人最清楚：要是人们生活水平不高，是不会有减肥药、减肥茶、减肥香皂问世的。

民以食为天，饭店也想各种办法在各类媒体上宣传自己的特色菜，而且当客人就餐时，也会免费发放印有订座电话的餐巾纸、毛巾。

最吸引人的广告，大概就是征婚启事了。一篇一百字左右的征婚启事，除了身高、年龄，这些必须交代的"硬件"以外，还有"爱好文学""追求浪漫"之类的"软件"让你很难②经得起诱惑，③一不留神就征来幸福美满的人生伴侣。

广告也有坏处。以前你外出旅游，几天不在家也没人知道。现在，每家防盗门上夹得最多的，可能就是各类印刷精美的广告宣传单了，而且不分阴晴，不论早晚。倘若天天回家，可以随时拿掉。但如果哪一家门上的广告单越积越多，大家就会知道主人④要么出差，要么走亲戚，肯定不在家。⑤一旦被小偷看到，恐怕就会大胆地破门而入了。

广告可能是"及时雨"，但有时候垃圾广告既浪费纸张，又浪费时间，也会给人们的生活带来麻烦，到处**张贴**的小广告很影响**市容**。尽管如此，我们越来越离不开广告。**置身**广告时代中，你会发现广告是多么的**可恨**，又是多么的可爱！

Tǎngruò shuō wǒmen zhèng chǔzài yí ge guǎnggào shídài, zhè yìdiǎnr dōu bù kuāzhāng. Bú xìn nǐ suíshǒu ná qǐ shēnbiān de bàozhǐ、zázhì, dǎkāi diànshì shìshi? Jíshǐ xiàbān huíjiā de lùshang, yě yǒu rén wǎng nǐ chēlán lǐ sāi hónghóng lǜlǜ de yìnshuāpǐn. Dāngrán, nǐ yě kěnéng yùdào guò zhèzhǒng qíngkuàng, zhèng qí zài zìxíngchē shàng, hūrán juéde shēnhòu yǒu xiǎngdong, nǐ yǐwéi shúrén yào dāchē, huítóu cái jiàn yí ge xiǎo pǎo de rén, bǎ yí fèn guǎnggào jiā zài nǐ hòu chēzuò shàng le……

Guǎnggào shídài, ①gù míng sī yì, jiùshì shuō dàochù dōu chōngchì zhe guǎnggào. Xiànzài de jiǎnféi guǎnggào, pū tiān gài dì, pàng de rén duō le shì bù jiǎ, dàn cóng lìng yì fāngmiàn, yě zài tíshì wǒmen: shēnghuó shuǐpíng quèshí tígāo le, shèhuì jìnbù le、fāzhǎn le. Xiǎngbì nàxiē guǎnggào gōngsī de rén zuì qīngchu: yàoshi rénmen shēnghuó shuǐpíng bù gāo, shì búhuì yǒu jiǎnféi yào、jiǎnféi chá、jiǎnféi xiāngzào wènshì de.

Mín yǐ shí wéi tiān, fàndiàn yě xiǎng gèzhǒng bànfǎ zài gèlèi méitǐ shang xuānchuán zìjǐ de tèsècài, érqiě dāng kèrén jiùcān shí, yě huì miǎnfèi fāfàng yìn yǒu dìng zuò diànhuà de cānjīnzhǐ、máojīn.

Zuì xīyǐn rén de guǎnggào, dàgài jiùshì zhēnghūn qǐshì le. Yì piān yìbǎi zì zuǒyòu de zhēnghūn qǐshì, chúle shēngāo、niánlíng, zhèxiē bìxū jiāodài de "yìngjiàn" yǐwài, háiyǒu "àihào wénxué" "zhuīqiú làngmàn" zhīlèi de "ruǎnjiàn" ràng nǐ hěn nán ②jīngdeqǐ yòuhuò, ③yí bù liúshén jiù zhēng lái xìngfú měimǎn de rénshēng bànlǚ.

Guǎnggào yě yǒu huàichu. Yǐqián nǐ wàichū lǚyóu, jǐ tiān bú zàijiā yě méi rén zhīdao. Xiànzài, měijiā fángdàomén shàng jiā de zuì duō de, kěnéng jiùshì gèlèi yìnshuā jīngměi de guǎnggào xuānchuán dān le, érqiě bù fēn yīn qíng, búlùn zǎo wǎn. Tǎngruò tiāntiān huíjiā, kěyǐ suíshí ná diào. Dàn rúguǒ nǎ yì jiā mén shàng de guǎnggàodān yuè jī yuè duō, dàjiā jiù huì zhīdào zhǔrén ④yàome chūchāi, yàome zǒu qīnqi, kěndìng bú zàijiā. ⑤Yídàn bèi xiǎotōu kàndao, kǒngpà jiù huì dàdǎn de pò mén ér rù le.

Guǎnggào kěnéng shì "jíshíyǔ", dàn yǒushíhou lājī guǎnggào jì làngfèi zhǐzhāng, yòu làngfèi shíjiān, yě huì gěi rénmen de shēnghuó dàilái máfan, dàochù zhāngtiē de xiǎo guǎnggào hěn yǐngxiǎng shìróng. Jǐnguǎn rúcǐ, wǒmen yuèláiyuè lí bu kāi guǎnggào. Zhìshēn guǎnggào shídài zhōng, nǐ huì fāxiàn guǎnggào shì duōme de kěhèn, yòu shì duōme de kě'ài!

第8单元 广告时代

3 生词 🎧 8-04

Vocabulary

1	倘若	tǎngruò	adv.	if
2	夸张	kuāzhāng	v.	exaggerate
3	随手	suíshǒu	adv.	conveniently
4	车篮	chē lán	n.	bike basket
5	塞	sāi	v.	squeeze in
6	印刷品	yìnshuāpǐn	n.	printed materials
7	响动	xiǎngdong	n.	noise
8	熟人	shúrén	n.	acquaintance
9	搭车	dāchē	v.	get a ride
10	夹	jiā	v.	place in between
11	车座	chēzuò	n.	seat
12	充斥	chōngchì	v.	be full of
13	铺天盖地	pū tiān gài dì		overwhelming
14	提示	tíshì	v.	gire hint
15	想必	xiǎngbì	adv.	presumably
16	香皂	xiāngzào	n.	soap
17	问世	wènshì	v.	be available in the market
18	宣传	xuānchuán	v.	propagate
19	餐巾纸	cānjīnzhǐ	n.	napkin
20	吸引	xīyǐn	v.	attract
21	征婚启事	zhēnghūn qǐshì		personals
22	篇	piān	num.	a measure word for a piece of writing
23	交代	jiāodài	v.	confess
24	硬件	yìngjiàn	n.	hardware
25	追求	zhuīqiú	v.	pursue
26	软件	ruǎnjiàn	n.	software
27	诱惑	yòuhuò	n.	temptation
28	美满	měimǎn	adj.	happy
29	伴侣	bànlǚ	n.	companion
30	防盗门	fángdàomén	n.	(security/front) door
31	精美	jīngměi	adj.	exquisite
32	积	jī	v.	accumulate
33	出差	chūchāi	v.	be away on business
34	破门而入	pò mén ér rù		break in
35	纸张	zhǐzhāng	n.	paper
36	张贴	zhāngtiē	v.	put up; post
37	市容	shìróng	n.	appearance of a city
38	置身	zhìshēn	v.	stay
39	可恨	kěhèn	adj.	hateful

Language points

1 顾名思义，就是……

指看到名称，就联想到它的意义。用于两小句之间，后一分句是对前一分句的解释。This indicates that the meaning is easy to get from the name. It is used between two clauses, the later one is a explanation to the former one.

(1) 民以食为天，<u>顾名思义</u>，就是人们把吃饭当成天大的事。

(2) 川剧，<u>顾名思义</u>，就是在四川流行的地方戏。

☞(3) **广告时代，<u>顾名思义</u>，就是到处都充斥着广告。**

> **练一练 Practice**
>
> (1) "购物狂",顾名思义,就是<u>狂热地喜爱购物</u>。
> (2) "笑一笑十年少",顾名思义,就是_____。
> (3) 独生子女,顾名思义,就是_____。
> (4) 电脑依赖症,顾名思义,就是_____。

❷ 经得起

指可以经受,可以忍受。否定形式是"经不起"。This means "able to withstand" or "able to endure." The negative form is 经不起.

常用表达式: 经得起/经不起+诱惑/考验/风雨

(1) 这么多美食,我怎么<u>经得起</u>诱惑呢?当然要大饱口福。

(2) 如果你工作不努力,<u>经不起</u>考验,老板把工作交给你当然会不放心。

☞ (3) 一篇一百字左右的征婚启事,除了身高、年龄,这些必须交待的"硬件"以外,还有"爱好文学""追求浪漫"之类的"软件"让你很难<u>经得起</u>诱惑,一不留神就征来幸福美满的人生伴侣。

> **练一练 Practice**
>
> (1) <u>网上买东西不但选择多而且可以经常打折</u>,因此我常常经不起网购的诱惑。
> (2) _____,怪不得这个品牌的商品经得起市场的考验。
> (3) _____,这样京剧就能经得起时代的考验,受到更多人的喜爱。
> (4) _____,就像小草一样经得起任何风雨。

❸ 一不留神就……

即"一不注意就……"或"一不小心就……"。It is equivalent to "一不注意就……" or "一不小心就……".

(1) 他真是个电脑迷,经常<u>一不留神就</u>在电脑前坐一整天。

(2) 冲动的人买东西前一般不会多考虑,因此<u>一不留神就</u>买了不需要的东西。

☞ (3) 一篇一百字左右的征婚启事,除了身高、年龄,这些必须交待的"硬件"以外,还有"爱好文学""追求浪漫"之类的"软件"让你很难经得起诱惑,<u>一不留神就</u>征来幸福美满的人生伴侣。

> **练一练 Practice**
>
> (1) 很多现代人都处于亚健康状态,晚上失眠,白天<u>一不留神就</u>睡着了。
> (2) 在网上千万不要为贪图便宜而草率购物,要不然_____。

(3) 写汉字的时候一定要小心，因为_____。
(4) 坐公交时要看管好自己的东西，上次刘先生_____。

4 要么……，要么……

两个"要么"连用，分别放在两个并列的小句前面，表示两种不同的选择。要么 placed at the start of two clauses in a sentence is used to indicate two different possible choices.

(1) 这个周末我<u>要么</u>跟朋友去看电影，<u>要么</u>在家。
(2) 下个学期要选专业，我<u>要么</u>学新闻，<u>要么</u>学文学。
☞ (3) **但如果哪一家门上的广告单越积越多，大家就会知道主人<u>要么</u>出差，<u>要么</u>走亲戚，肯定不在家。**

练一练 Practice

A: 这次旅行，你打算去哪儿？
B: <u>要么去东北，要么去西南</u>。

A: 今天晚上想吃点儿什么？
B: _____。

A: 要是我对网上买的东西不满意怎么办？
B: _____。

A: 大学毕业以后，你要做什么？
B: _____。

5 一旦

常用于新情况的出现或假设有一天发生新的情况。用在动词前作状语，后面的分句常与"就"呼应。This is often used when a new situation appears, or when a new situation may hypothetically appear. It is used before a verb as an adverbial adjunct, and is often used in conjunction with 就, which appears in the following clause.

常用表达式：一旦……就……

(1) 很多人都对手机有很强的依赖，<u>一旦</u>手机没电或者来电突然减少，<u>就</u>会出现焦虑、不安等情绪。
(2) 网上买的东西质量一般都没问题，<u>一旦</u>出现问题，退货也很方便。
☞ (3) **<u>一旦</u>被小偷看到，恐怕<u>就</u>会大胆地破门而入了。**

练一练 Practice

(1) 隔代教育和年轻父母教育的方式不同，一旦处理不好<u>就会引起家庭矛盾</u>。
(2) 你最好改掉抽烟的坏习惯，一旦上瘾 (be addicted)，_____。
(3) 水和空气都是人类生活离不开的，一旦受到污染，_____。

(4) 色彩与我们的生活有很大关系,一旦没有了色彩,生活就_____。

5 根据课文回答问题

Answer the questions below according to the text

1 为什么说我们现在正处在一个广告时代?
2 为什么现在减肥广告铺天盖地?
3 饭店通过什么样的广告来宣传自己?
4 为什么说使用征婚广告很有效?
5 垃圾广告给人们的生活带来哪些问题?

6 根据课文,把下列内容用线连接起来

Match the items below according to the text

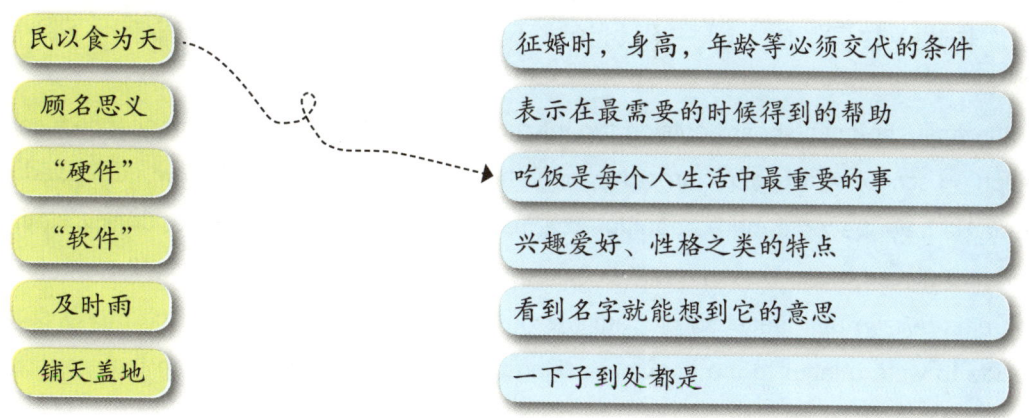

民以食为天　　　　征婚时,身高,年龄等必须交代的条件
顾名思义　　　　　表示在最需要的时候得到的帮助
"硬件"　　　　　　吃饭是每个人生活中最重要的事
"软件"　　　　　　兴趣爱好、性格之类的特点
及时雨　　　　　　看到名字就能想到它的意思
铺天盖地　　　　　一下子到处都是

7 双人活动

Pair work

结合自己的经历,跟同桌讨论一下广告给我们的生活带来的好处和坏处。
Combining both your experiences, discuss with your partner the benefits and the problems that

advertisements bring to our lives.

好　处 Benefits	坏　处 Problems
宣传并让消费者及时了解新产品	有些广告太夸张，实际产品跟广告中介绍的不一样

小组活动

Group work

以前，花园小学教学楼外的公告牌上都是学校活动安排，小学生画的画儿，写的作文什么的。现在公告牌变得更漂亮了，可是上面却多了许多小食品、饮料、服装、文具等商品广告。课间的时候还有人到教室来发送餐广告。很多家长担心这些花花绿绿的广告会给孩子的学习带来不良影响。他们决定给校长写一封信，希望学校可以适当禁止广告进入校园。3—4人一组讨论一下，这封信应该怎么写。请使用下列常用表达式。

In the past, the notice board outside the teaching building of Huayuan primary school contained information on school activities, pictures drawn by the children, and their written work. Nowadays, the notice boards have become more beautiful, but many more adverts for snacks, drinks, clothes and stationery are placed there. During class, people go to the classrooms to hand out adverts for meals. Many parents believe that these colorful adverts have a negative effect on their children's study, and they decide to write a letter to the principal asking that adverts not be allowed in the grounds of the school. In groups of 3–4, discuss how to write the letter, use the expressions below.

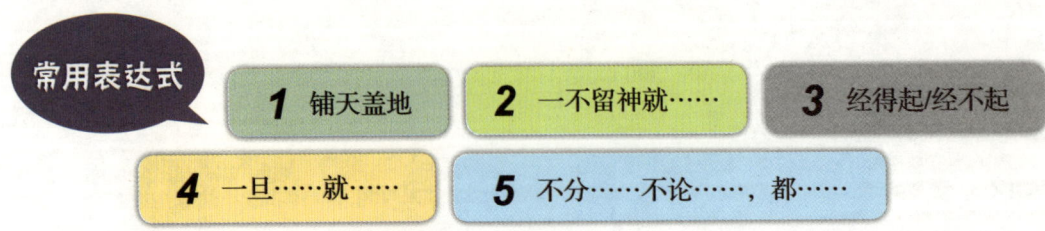

第9单元 9

Zuìjìn bǐjiào fán

最近比较烦

Recent Troubles

任务介绍 Introduction

"烦""郁闷"已经成了大学生经常挂在嘴边的两个词。这是一种成长的烦恼，也是一种心理适应不良、心理亚健康的现象。大学生作为一个特殊的群体，他们的心理问题值得关注。

在这一单元里，我们先来听听两个大学四年级的学生有什么烦恼，再来讨论一下造成大学生郁闷的原因。

"Frustrated" and "depressed" have become feelings commonly found hanging around the necks of university students. This is part of growing pains, and also an inability to adjust psychologically, an issue of mental health. University students are a unique group and their psychological problems are worthy of attention.

In this unit, we will first listen to the problems of two university seniors, then we will discuss the causes of depression in students.

第 1 课 毕业以后你要做什么？
Bìyè yǐhòu nǐ yào zuò shénme?
What Are You Doing After Graduation?

1 热身活动
Warm-up

1. 请看下面的图片，说说图片中的几个人都为了什么事情而觉得心情不好？如果你有同样的经历，心情会不会受到影响呢？Look at the pictures below, what has happened to cause these bad moods? If you had the same experience, would it affect your mood?

1. _____   2. _____   3. _____

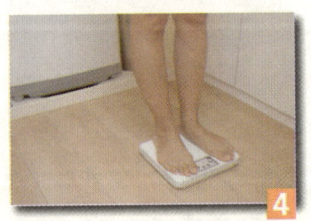  

4. _____   5. _____   6. _____

2. 你郁闷吗？现在我们来做一个小测试。Are you depressed? Let's have a quick test.

	最近一周以来，你是否有以下情况	没有	有时	经常	总是
1	觉得心情不好	1	2	3	4
2	觉得一天当中早晨最好	4	3	2	1
3	常常会哭出来或觉得想哭	1	2	3	4
4	晚上睡得不好	1	2	3	4
5	吃得跟平常一样多	4	3	2	1
6	发现体重在下降	1	2	3	4

（续表）

最近一周以来，你是否有以下情况		没有	有时	经常	总是
7	心跳比平常快	1	2	3	4
8	会没有原因地感到累	1	2	3	4
9	头脑跟平常一样清楚	4	3	2	1
10	觉得经常做的事情并没有困难	4	3	2	1
11	对将来抱有希望	4	3	2	1
12	比平常容易生气	1	2	3	4
13	觉得做出决定是容易的	4	3	2	1
14	觉得生活过得很有意思	4	3	2	1
15	平常感兴趣的事还很感兴趣	4	3	2	1

总分少于50分为正常，分数越高说明越郁闷。赶快放松心情，大家一起来解压吧！

2 对话

Conversation

 9-01

王芳：你最近都学到晚上几点啊？考研准备得怎么样了？

李响：别提了，每天晚上熬夜，真是**受罪**！上**学期期末**考试，我有一门考得不太好，肯定会影响我的总成绩，**申请名牌**大学怕是没有希望了。考研已经准备一段时间了，现在不知道还有没有必要再坚持下去。要不还是老老实实去找工作吧。真**郁闷**死了！

王芳：一门课没考好不要紧吧？①<u>一般来说</u>，研究院更重视研究能力，你大学期间**发表**了好几篇文章，又参加过**学术项目**，**教授**看了你的**简历**肯定会感兴趣的。我觉得没有必要因为一门课没考好影响你考研究生的决定。如果你先找工作再考研究生也②<u>未必</u>不好啊！积累一些工作**经验**再去读书，**效果**说不定会更好呢。

李响：说起来容易，做起来难呀！无论考研还是**就业**，**竞争**都相当**激烈**。你看我们的**师兄**师姐，有的已经毕业半年了，还没找到合适的工作呢，③结果考研究生也**耽误**了。

王芳：那是因为他们要求都太高了。不是名牌高校不考，不是**跨国公司**不进。

李响：可是好学校、好公司，谁不喜欢呢？**付出**努力，却**事与愿违**。要是你也会郁闷的。

王芳：我这人④**从来**不郁闷，我的人生**宗旨**就是：始终微笑着面对生活。酸甜苦辣都能吃，事情要看得乐观些。理想目标可以定得高些，但做事一定要**脚踏实地**。当你的**期望值**⑤过高，而现实和你的要求**差距**太大时就要承认现实，适应社会。

李响：说了半天，我还不知道你毕业以后要做什么呢？

王芳：我打算去中学教书。我喜欢教书，也喜欢孩子。从大学一年级开始，我就利用寒暑假给高中学生做家教，还去**贫困山区**的中学当**志愿者**。去年我家乡一个很好的中学答应**聘用**我了，一毕业我就去那所中学。

Wáng Fāng: Nǐ zuìjìn dōu xué dào wǎnshang jǐdiǎn a? Kǎoyán zhǔnbèi de zěnmeyàng le?

Lǐ Xiǎng: Bié tí le, měitiān wǎnshang áoyè, zhēn shì **shòuzuì**! Shàng **xuéqī qīmò** kǎoshì, wǒ yǒu yì mén kǎo de bú tài hǎo, kěndìng huì yǐngxiǎng wǒ de zǒng chéngjì, **shēnqǐng míngpái** dàxué pà shì méiyǒu xīwàng le. Kǎoyán yǐjing zhǔnbèi yí duàn shíjiān le, xiànzài bù zhīdào hái yǒu méiyǒu bìyào zài jiānchí xiàqu. Yào bù háishi lǎolao shíshi qù zhǎo gōngzuò ba. Zhēn **yùmèn** sǐ le!

Wáng Fāng: Yì mén kè méi kǎo hǎo bú yàojǐn ba? ①Yìbān lái shuō, yánjiūyuàn gèng zhòngshì yánjiū nénglì, nǐ dàxué qījiān **fābiǎo** le hǎo jǐ piān wénzhāng, yòu cānjiā guo **xuéshù xiàngmù**, **jiàoshòu** kàn le nǐ de **jiǎnlì** kěndìng huì gǎn xìngqù de. Wǒ juéde méiyǒu bìyào yīnwèi yì mén kè méi kǎo hǎo yǐngxiǎng nǐ kǎo yánjiūshēng de juédìng. Rúguǒ nǐ xiān zhǎo gōngzuò zài kǎo yánjiūshēng yě ②**wèibì** bù hǎo a! Jīlěi yìxiē gōngzuò **jīngyàn** zài qù **dúshū**, **xiàoguǒ** shuōbudìng huì gèng hǎo ne.

Lǐ Xiǎng: Shuō qǐlai róngyì, zuò qǐlai nán ya! Wúlùn kǎoyán háishì **jiùyè**, **jìngzhēng** dōu xiāngdāng **jīliè**. Nǐ kàn wǒmen de **shīxiōng** shījiě, yǒude yǐjing bìyè bàn nián le, hái méi zhǎodào héshì de gōngzuò ne, ③**jiéguǒ** kǎo yánjiūshēng yě **dānwu** le.

Wáng Fāng: Nà shì yīnwèi tāmen yāoqiú dōu tài gāo le. Búshì **míngpái** gāoxiào bù kǎo, búshì **kuàguó gōngsī** bú jìn.

Lǐ Xiǎng: Kěshì hǎo xuéxiào、hǎo gōngsī, shuí bù xǐhuan ne? **Fùchū nǔlì**, què **shì yǔ yuàn wéi**. Yàoshi nǐ yě huì **yùmèn** de.

Wáng Fāng: Wǒ zhè rén ④**cónglái** bú yùmèn, wǒ de rénshēng **zōngzhǐ** jiùshì: shǐzhōng wēixiào zhe miànduì shēnghuó. Suān tián kǔ là dōu néng chī, shìqing yào kàn de lèguān xiē. Lǐxiǎng mùbiāo kěyǐ dìng de gāo xiē, dàn zuòshì yídìng yào **jiǎo tà shídì**. Dāng nǐ de **qīwàngzhí** ⑤**guò** gāo, ér xiànshí hé nǐ de yāoqiú **chājù** tài dà shí jiù yào chéngrèn xiànshí, shìyìng shèhuì.

Lǐ Xiǎng: Shuō le bàn tiān, wǒ hái bù zhīdao nǐ bìyè yǐhòu yào zuò shénme ne?

Wáng Fāng: Wǒ dǎsuàn qù zhōngxué jiāoshū. Wǒ xǐhuan jiāoshū, yě xǐhuan háizi. Cóng dàxué yī niánjí kāishǐ, wǒ jiù lìyòng hán shǔ jià gěi gāo zhōng xuésheng zuò jiājiào, hái qù **pínkùn shānqū** de zhōngxué dāng **zhìyuànzhě**. Qùnián wǒ jiāxiāng yí ge hěn hǎo de zhōngxué dāying **pìnyòng** wǒ le, yí bìyè wǒ jiù qù nà suǒ zhōngxué.

Vocabulary

1	受罪	shòuzuì	v.	suffer
2	学期	xuéqī	n.	semester
3	期末	qīmò	n.	end of semester
4	申请	shēnqǐng	v.	apply for
5	名牌	míngpái	adj.	prestigious
6	郁闷	yùmèn	adj.	depressing
7	发表	fābiǎo	v.	publish
8	学术	xuéshù	adj.	academic
9	项目	xiàngmù	n.	program
10	教授	jiàoshòu	n.	professor

133

11	简历	jiǎnlì	n.	resume	21	事与愿违	shì yǔ yuàn wéi	things don't turn out the way you want
12	经验	jīngyàn	n.	experience				
13	效果	xiàoguǒ	n.	effect	22	宗旨	zōngzhǐ	n. aim
14	就业	jiùyè	n.	employment	23	脚踏实地	jiǎo tà shí dì	keep your feet on the ground
15	竞争	jìngzhēng	n.	competition				
16	激烈	jīliè	adj.	intense	24	期望值	qīwàngzhí	n. expectation
17	师兄	shīxiōng	n.	fellow student	25	差距	chājù	n. gap
18	耽误	dānwu	v.	delay	26	贫困山区	pínkùn shānqū	poor mountain areas
19	跨国公司	kuàguó gōngsī		multinational company	27	志愿者	zhìyuànzhě	n. volunteer
20	付出	fùchū	v.	pay	28	聘用	pìnyòng	v. employ

Language points

1 一般来说

插入语，用于引出下一个分句，表示通常情况。A parenthetical means "generally speaking", and leads to the next clause.

(1) <u>一般来说</u>，中国人都会说普通话，所以交流的时候没有问题。

(2) <u>一般来说</u>，一个人要是能根据自己的爱好去选择职业，他就会更爱自己的工作。

☞ (3) <u>一般来说</u>，研究院更重视研究能力。

练一练 Practice

A: 你会用什么方法解压呢？
B <u>一般来说我会找朋友聊天</u>。

A: 在网上购物可以讨价还价吗？
B: _____。

A: 中国人为什么特别喜欢红色？
B: _____。

A: 年轻家长们让老人照顾孩子会有什么问题呢？
B: _____。

2 未必

副词，表示不一定。It is an adverb meaning "not necessarily".

(1) 付出了努力未必能成功，但是不努力一定不能成功。

(2) 有时候你擅长做的未必是你喜欢的，应该学会在生活中慢慢发现自己的兴趣。

☞ (3) **如果你先找工作再考研究生也未必不好啊！**

> **练一练 Practice**
>
> (1) 暑假打工确实很辛苦，但这未必不是一个获得工作经验的好办法。
> (2) 借钱不是最好的办法，_____不能解决问题。
> (3) 疯狂购物固然可以让人心情变好，_____是最好的解压方式。
> (4) 节食不是最好的减肥方法，_____。

3 ……，结果……

"结果"作为连词，用于第二个分句前，表示在前一句所说的条件或情况下产生某种结局。结果 is used as a conjunction in the second clause to indicate that under a certain condition or situation, a particular result is produced.

(1) 他买东西的时候只考虑打折不打折，结果买了很多没有用的东西。

(2) 他考试前没有好好准备，结果考试成绩很不好。

☞ (3) **你看我们的师兄师姐，有的已经毕业半年了，还没找到合适的工作呢，结果考研究生也耽误了。**

> **练一练 Practice**
>
> (1) 现在生活水平提高了，私车家越来越多，结果环境污染更严重了。
> (2) 很多年轻人为了工作挣钱，不注意身体，结果_____。
> (3) 小明和同屋的生活习惯很不一样，常常吵架，结果_____。
> (4) 有些人养了宠物却不负责任，结果_____。

4 从来

副词，表示从过去到现在都是如此。多用于否定句。用否定词"没、没有"时，动词、形容词后通常要带"过"。It is an adverb indicating that from the past up until now, it has been like this. It is usually used in a negative sentence. When using the negatives 没 or 没有, verbs and adjectives are usually followed by 过.

(1) 他从来不抽烟。

(2) 他从来没考虑过这件事。

☞ (3) **我这人从来不郁闷，我的人生宗旨就是：始终微笑着面对生活。**

练一练 Practice

(1) 他看不懂法国电影，<u>因为他从来没学过法语</u>。
(2) 他没去过北京，所以_____。
(3) 他很注意身体健康，所以_____。
(4) _____，只是看着电影比画武术动作。

❺ 过

"过"作为副词，表示程度过头，超过某个范围和限度。一般只修饰单音节形容词。过 is used as an adverb to indicate that a certain range or limit has been surpassed. It usually only modifies monosyllabic adjectives.

(1) 养花的时候要注意室内温度(temperature)，温度<u>过</u>高或者<u>过</u>低都不好。
(2) 有些刚毕业的大学生，找工作的时候对收入要求<u>过</u>高所以难找到合适的工作。
☞ (3) 当你的期望值<u>过</u>高，而现实和你的要求差距太大时就要承认现实，适应社会。

练一练 Practice

(1) <u>城市人口过多造成了环境污染和交通拥挤</u>。
(2) 他最近工作压力过大，所以_____。
(3) 在高速公路上开车，速度不要过快，要不然_____。
(4) 现在的小学生学习压力过大，因此_____。

5 根据对话回答下列问题

Answer the questions below according to the conversation

1 李响为什么最近特别郁闷？
2 为什么王芳认为李响申请研究生院很有希望？
3 在大学毕业生为什么就业这个问题上，王芳和李响的态度有什么不同？
4 王芳为什么从来不郁闷？
5 王芳毕业以后的计划是什么？

6 根据对话，说说王芳和李响的想法有什么不同

Say how Wang Fang and Li Xiang's opinions differ according to the conversation

问 题	王 芳	李 响
大学生考研难不难	只要有研究能力就行。如果大学期间发表过文章，有一门课没考好也没关系	
大学生就业难不难		竞争相当激烈
毕业以后打算做什么		正在准备考研又怕考不好

7 双人活动

Pair work

请你跟同桌说一说，在你的生活中有没有因为很难做决定所以觉得郁闷的经历呢？郁闷的时候有哪些表现？最后是怎么解决的？

Discuss with your partner whether or not you've felt depressed because of having to make a difficult decision. How did the depression manifest itself? How was it resolved?

8 小组活动

Group work

马克已经是大学四年级的学生了。最近他特别郁闷，因为身边的同学很多都找到了工作，可是他还没找到。有两家公司愿意聘用他，可是他都不满意。一家公司给的工资比较低，每个月除了房租、电话费、生活费以外，可能不会有什么存款。另一家公司给的工资高一些，但是让马克做的工作跟他的专业完全没有关系，他也不知道这样的工作适合不适合自己，会不会以后把专业知识都忘了。

3—4人一组讨论一下，如果你是马克的朋友，你会怎么劝他呢？请使用下列常用表达式。

第9单元 最近比较烦

Mark is a senior at university. Recently, he has been really depressed because most of his classmates have found jobs while he is still searching. Two companies have offered him jobs, but he isn't happy with either. One of the companies is offering too low a salary, and so after paying for food, rent and his phone bill, he wouldn't be able to save a penny. The other company is offering a higher salary, but the work is totally unrelated to his major, so he doesn't know if that kind of job would be right for him or not. Maybe he would forget everything he studied.

In groups of 3–4, discuss the advice you would give to Mark if you were his friends, use the expressions below.

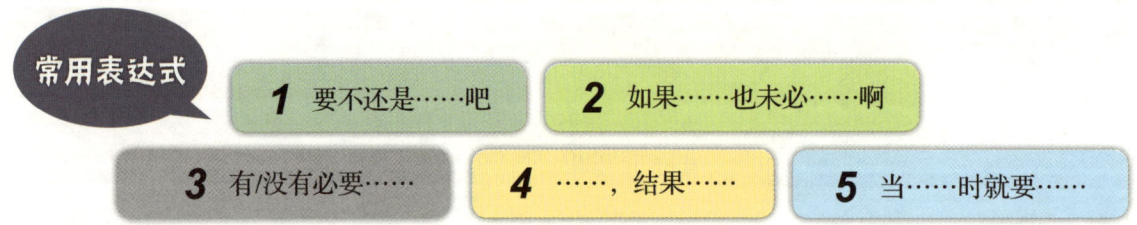

常用表达式

1. 要不还是……吧
2. 如果……也未必……啊
3. 有/没有必要……
4. ……，结果……
5. 当……时就要……

第 2 课 郁闷啊，郁闷
Yùmèn a, yùmèn

So Depressed

1 热身活动

Warm-up

1. 每个人感到郁闷时的解决方式都不一样。请看下面的图片，说说图片中的人用什么办法来解压。什么方法对你最有效？Everyone does something different when they feel unhappy. Look at the pictures below and say what the people are doing to cheer themselves up. Which method works for you?

1. _____ 2. _____ 3. _____

4. _____ 5. _____ 6. _____

2. 请思考一下，一个高中学校请你作为一名优秀大学生给他们的学生讲讲应该怎样为上大学做好心理准备。你应该怎样讲？写出你的演讲要点。Imagine that a high school has invited you, as an outstanding university student, to give a talk to its students on how to prepare their minds for university. What would you say? Write down the key points of your talk.

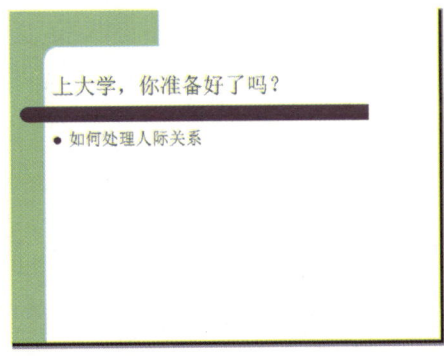

上大学，你准备好了吗？

● 如何处理人际关系

2 课文

Text

"真**无聊**,真郁闷!"这已经成了大学生们的口头禅。到底什么是"郁闷"?词典上的解释是"**烦闷**""不**舒畅**"。然而这种解释太过传统。大学生们用"郁闷"表达的不仅是自己的心情,还有他们对现实、对理想、对个人发展的思考。因此,"郁闷"一词是我们了解大学生精神世界的一面镜子。

在同学们眼中,每个人的郁闷各不相同:一般来说,大一学生多①<u>因为</u>"现实中的大学和想像中的大学不一样""没有学习**动力**和人生**目标**"而郁闷,大二学生多因为"处理**人际关系**时碰到**挫折**"而郁闷,大三、大四的学生则开始因为"考研、就业与**恋爱**带来的一系列问题"而郁闷。②<u>总之</u>,**千奇百怪**的"郁闷"构成了大学生活的一部分。

专家分析,大学生的"郁闷"可以分为三种**类型**,第一种是**调侃**型的,对他们来说,"郁闷"不过是一句流行语和情绪的**发泄**,只要心情不好,都说"郁闷";第二种是适应不良型的,大学里都是**精英**,尤其是在名牌高校,竞争相当激烈,不适应竞争就会**导致**"郁闷";第三种是追求完美型的,希望实现自己的理想,但又发现,现实的因素给了他们太多的**约束**,理想和现实,如何选择,让很多同学谈"理想"而"郁闷"。

"郁闷之风"流行,也是社会发展在高校中的**反映**。一方面,大学教育已经很**普遍**了,大学生数量逐年增加,不再是**天之骄子**。而另一方面,新一代大学生多是独生子女。很多③<u>来自</u>人际交往的"郁闷",④<u>正是因为</u>他们**独立性**差,在交往中以自我为中心。当自己的想法不被人理解,做事方式不被人**认可**时就会感到郁闷。

面对大学生的郁闷,高校应该提供心理辅导,帮助他们**缓解**压力,**树立**积极乐观的人生态度,更好地安排自己的学习和生活。

"Zhēn wúliáo, zhēn yùmèn!" Zhè yǐjing chéng le dàxuéshēngmen de kǒutouchán. Dàodǐ shénme shì "yùmèn"? Cídiǎn shàng de jiěshì shì "fánmèn" "bù shūchàng". Rán'ér zhèzhǒng jiěshì tài guò chuántǒng. Dàxuéshēngmen yòng "yùmèn" biǎodá de bùjǐn shì zìjǐ de xīnqíng, háiyǒu tāmen duì xiànshí、duì lǐxiǎng、duì gèrén fāzhǎn de sīkǎo. Yīncǐ, "yùmèn" yì cí shì wǒmen liǎojiě dàxuésheng jīngshén shìjiè de yí miàn jìngzi.

Zài tóngxuémen yǎn zhōng, měige rén de yùmèn gè bù xiāngtóng: yìbān lái shuō, dà yī xuésheng duō ① yīnwèi "xiànshí zhōng de dàxué hé xiǎngxiàng zhōng de dàxué bù yíyàng" "méiyǒu xuéxí dònglì hé rénshēng mùbiāo" ér yùmēn, dà èr xuésheng duō yīnwèi "chǔlǐ rénjì guānxi shí pèngdào cuòzhé" ér yùmèn, dà sān、dà sì de xuésheng zé kāishǐ yīnwèi "kǎoyán、jiùyè yǔ liàn'ài dàilái de yí xìliè wèntí" ér yùmèn. ② Zǒngzhī, qiān qí bǎi guài de "yùmèn" gòuchéng le dàxué shēnghuó de yí bùfen.

Zhuānjiā fēnxī, dàxuéshēng de "yùmèn" kěyǐ fēnwéi sān zhǒng lèixíng, dì yī zhǒng shì tiáokǎn xíng de, duì tāmen lái shuō, "yùmèn" búguò shì yí jù liúxíngyǔ hé qíngxù de fāxiè, zhǐyào xīnqíng bù hǎo, dōu shuō "yùmèn"; dì èr zhǒng shì shìyìng bùliáng xíng de, dàxué lǐ dōu shì jīngyīng, yóuqí shì zài míngpái gāoxiào, jìngzhēng xiāngdāng jīliè, bú shìyìng jìngzhēng jiù huì dǎozhì "yùmèn"; dì sān zhǒng shì zhuīqiú wánměi xíng de, xīwàng shíxiàn zìjǐ de lǐxiǎng, dàn yòu fāxiàn, xiànshí de yīnsù gěi le tāmen tài duō de yuēshù, lǐxiǎng hé xiànshí, rúhé xuǎnzé, ràng hěn duō tóngxué tán "lǐxiǎng" ér "yùmèn".

"Yùmèn zhī fēng" liúxíng, yěshì shèhuì fāzhǎn zài gāoxiào zhōng de fǎnyìng. Yì fāngmiàn, dàxué jiàoyù yǐjing hěn pǔbiàn le, dàxuéshēng shùliàng zhúnián zēngjiā, búzài shì tiān zhī jiāozǐ. Ér lìng yì fāngmiàn, xīn yí dài dàxuéshēng duō shì dúshēng zǐnǚ. Hěn duō ③ láizì rénjì jiāowǎng de "yùmèn", ④ zhèngshì yīnwèi tāmen dúlìxìng chà, zài jiāowǎng zhōng yǐ zìwǒ wèi zhōngxīn. Dāng zìjǐ de xiǎngfǎ bú bèi rén lǐjiě, zuòshì fāngshì bú bèi rén rènkě shí jiù huì gǎndào yùmèn.

Miànduì dàxuéshēng de yùmèn, gāoxiào yīnggāi tígōng xīnlǐ fǔdǎo, bāngzhù tāmen huǎnjiě yālì, shùlì jījí lèguān de rénshēng tàidu, gèng hǎo de ānpái zìjǐ de xuéxí hé shēnghuó.

Vocabulary

1	无聊	wúliáo	adj.	bored
2	烦闷	fánmèn	n.	boredom
3	舒畅	shūchàng	adj.	comfortable
4	动力	dònglì	n.	motivation
5	目标	mùbiāo	n.	aim
6	人际关系	rénjì guānxi	n.	interpersonal relationship
7	挫折	cuòzhé	n.	setback
8	恋爱	liàn'ài	n.	love

9	千奇百怪	qiān qí bǎi guài		all kinds of strange things	16	反映	fǎnyìng	n.	reaction
10	类型	lèixíng	n.	type	17	普遍	pǔbiàn	adj.	common
11	调侃	tiáokǎn	v.	ridicule	18	天之骄子	tiān zhī jiāozǐ		the unusually lucky
12	发泄	fāxiè	v.	unleash	19	独立性	dúlìxìng	n.	independence
13	精英	jīngyīng	n.	elite	20	认可	rènkě	v.	approve
14	导致	dǎozhì	v.	lead to	21	缓解	huǎnjiě	v.	ease
15	约束	yuēshù	v.	constraint	22	树立	shùlì	v.	adopt

4 语言点

Language points

1 因为……而……

表示因果关系，常用在主语后面。This composition is a verbal phrase indicating a causal relationship. It is usually used after the subject.

(1) 现在世界各地都有很多人<u>因为</u>喜欢中国文化<u>而</u>学中文。

(2) 他<u>因为</u>要照顾父母<u>而</u>放弃了出国工作的机会。

☞ (3) **一般来说，大一学生多<u>因为</u>"现实中的大学和想像中的大学不一样""没有学习动力和人生目标"<u>而</u>郁闷。**

> 练一练 Practice
>
> (1) 很多宠物因为被主人遗弃而变成了流浪的小动物。
> (2) 京剧因为独特的服装和脸谱而_____。
> (3) 独生子女因为没有同龄人一起长大而_____。
> (4) 名牌高校竞争激烈，很多学生因为不适应大学生活而_____。

2 总之

用于总括上文，引出概括性的结论。This means "in summary of the above", it elicits a general conclusion.

(1) 想申请名牌高校当然不容易，你得学习成绩好，参加过各种社会实践活动，甚至还要有打工的经验。<u>总之</u>，竞争非常激烈。

(2) 有的人因为职场压力太大无暇读书，有的人选择报纸、网络来获取信息，有的人更喜欢参加社交活动。<u>总之</u>，读书的人越来越少了。

☞ (3) **在同学们眼里，每个人的郁闷各不相同：……<u>总之</u>，千奇百怪的"郁闷"构成了大学生活的一部分。**

练一练 Practice

(1) <u>很多人吃饭时、坐公交车时，甚至睡觉前都要看手机</u>，总之，一刻都离不开。

(2) _____，总之，网购的好处多。

(3) _____，总之，流浪猫的问题令人担忧。

(4) _____，总之，要让年轻人有更多的机会了解传统艺术。

③ 来自

表示事物的来源。This indicates the origin of something.

(1) 我们学校的学生<u>来自</u>世界各地。

(2) 孩子的自信往往<u>来自</u>家庭教育。

☞ (3) 很多**来自**人际交往的"郁闷"，正是因为他们独立性差，在交往中以自我为中心。

练一练 Practice

(1) 孩子不好的生活习惯往往来自<u>父母的影响和过分保护</u>。

(2) 职业发展的最大问题来自_____。

(3) 大学生的不安全感来自_____。

(4) 很多大学生的心理问题都是来自_____。

④ ……，正是因为……

引出原因从句。"正"用于加强肯定语气。This leads to a subordinate clause which provides a reason. 正 is used to add certainty to the tone.

常用表达式：A，正是因为B

(1) 我来中国学习武术，<u>正是因为</u>中国武术非常深奥，学起来不容易。

(2) 我要跟你学做中国菜，<u>正是因为</u>很多要用的东西我都不认识，做菜的程序也很复杂。

☞ (3) 很多来自人际交往的郁闷，**正是因为**他们独立性差，在交往中以自我为中心。

练一练 Practice

(1) 我想去那家公司工作，正是因为<u>公司离我家很近，专业也对口</u>。

(2) 我还是喜欢看纸质书，正是因为_____。

(3) 一般来说老人都很爱孩子。但很多年轻的家长不让老人帮忙照顾孩子，正是因为_____。

(4) 美国中餐馆里的中国菜不地道。但是很多美国人喜欢吃，正是因为_____。

5 根据课文回答下列问题

Answer the questions below according to the text

1 "郁闷"是什么意思？
2 不同年级的大学生郁闷的原因一样吗？
3 专家把大学生的郁闷分成哪三种类型？
4 大学生郁闷反映了社会的哪些方面？
5 高校应该怎么帮大学生解决郁闷的问题？

6 根据课文，用所给词语完成句子

According to the text, complete the sentences below with the words given

1 很多大学生总是说自己郁闷，其实这是_____。（情绪｜发泄）
2 很多刚上大学的学生感到郁闷是因为_____。（精英｜竞争）
3 在同学们眼里，每个人的"郁闷"各有不同，_____。（一般来说｜总之）
4 大学生的很多郁闷来自人际交往。_____。
（以……为中心｜认可）

7 双人活动

Pair work

请你和同桌讨论一下，在大学交朋友应该注意些什么？在和同学、老师相处的时候会碰到哪些问题？应该怎么解决呢？

Discuss with your partner the things you need to pay attention to when making friends at university. What problems may you encounter when trying to get along with teachers and classmates, and how can these problems be solved?

8 小组活动

Group work

你要给高中学生讲讲怎样为上大学做好心理准备。请你参考本课热身活动2，3—4人一组讨论一下，然后请一个同学代表本组同学向全班做口头报告。请使用下列常用表达式。

You will give a talk to high school students on how to prepare their minds for university. Referring to this lesson's warm-up activity 2, discuss in groups of 3–4, then choose one person to represent the group and give a presentation to the class. Use the expressions below.

常用表达式

1　……，然而……

2　……构成了大学生活的一部分

3　因为……而……

4　……。总之，……

5　……各不相同

第10单元 剩男剩女
Shèngnán shèngnǚ
Singletons

任务介绍 Introduction

"不是在相亲，就是在去相亲的路上。"不少单身男女把自己在网上的签名改成了这句话。这是在开玩笑，但同时也显示出他们无奈的心情。他们大多不愿意接受别人安排的婚姻，却又很难找到适合自己的另一半。目前，在中国，特别是在大城市，大龄青年择偶难已经成了一个社会难题，并引起了广泛的关注和讨论。

在这一单元里，我们先来听听两个单身朋友谈谈他们的择偶标准，再通过一个调查了解一下"剩男剩女"们的内心世界。

"Dating, or on the way to a date." Not a few single men and women have made this sentence their online pen name. They are joking, but at the same time this shows their mood. Most of them are not willing to accept blind dates set up by others, and yet find it hard to get a suitable partner themselves. In China at present, especially in big cities, the difficulty of older young people finding a partner has become a societal problem, and has attracted wide attention and discussion.

In this unit, we will first listen to two singletons discussing the standards they are looking for in a partner, then through investigation let's discover the inner world of single men and single women.

第 1 课　要求太高？
Standards Too High?

1 热身活动
Warm-up

1. 请看下面的图片，说说现在人们通常用哪些方式找男女朋友呢？你觉得哪种方式最有效？为什么？Look at the pictures below, how do people generally find a boyfriend or girlfriend these days? Which method do you think is the most effective, and why?

2. 请思考一下，你的择偶标准是什么呢？请从以下十项标准中找出五个，并按重要性高低排序。再简单说说为什么。What standards do you look for in a partner? Choose five ideas from the ten listed below and rank them in order of importance. Briefly give reasons for your choices.

A. 长相	B. 年龄	C. 身高	D. 性格	E. 健康
F. 学历	G. 职业	H. 经济实力	I. 兴趣爱好	J. 是否初婚

2 对 话

Conversation

王强：大学毕业都好几年了，想起来，除了大一时那场一个月就**吹**了的**初恋**，我再也没有谈过什么恋爱。现在年龄大了，身边的朋友一个个**出双入对**，**隔三差五**还会收到**喜帖**，这些都是在往我**寂寞**的**伤口**上**撒盐**啊。

李月：**彼此**，彼此！我这个月的**工资**又要拿一大笔出来给同事、朋友。他们①**不是**结婚**就是**给孩子过**满月**。

王强：有时候我真不懂为什么找一个合适的女朋友这么难。虽然我不算"高富帅"，但②**至少**看起来也算**英俊潇洒**；虽然我不是"海归"，但至少也有张**拿得出手**的**文凭**；虽然我买不起**豪宅**，但至少也有一套两室一厅的房子。对了，你们公司的美女那么多，你帮我介绍介绍？

李月：我们公司的**单身**美女③**倒**不少，不过高矮、胖瘦、年龄、**学历**，每个人的标准都不一样，你到底喜欢什么样的呢？

王强：其实我的要求并不高。我理想的女友，只要美丽**大方**、**温柔**善良就行。最好不要**过分**追求**物质**，那种第一次见面就问我"**月薪**是多少？""是否有房有车？"的女生，我当然不想跟她谈恋爱。否则，即使我现在**满足**了她的要求，也会担心她可能为了更有经济实力的人而离开我。像你这样聪明、漂亮，又很**独立**的女生，有什么**择偶**标准呢？

李月：我觉得男人的**长相**倒不重要，但一定得有事业。我的另一半在学历上至少要跟我相当。他可以不帅，但不能没有工作能力。另外，他必须能理解我，关心我，不但给我送花，下班来接我，而且要能分享我对生活的**感受**。

王强：那明天下班我来接你，我们一起去看个电影怎么样？

Wáng Qiáng: Dàxué bìyè dōu hǎo jǐ nián le, xiǎng qǐlai, chúle dà yī shí nà chǎng yí ge yuè jiù **chuī** le de **chūliàn**, wǒ zài yě méiyǒu tán guò shénme liàn'ài. Xiànzài niánlíng dà le, shēnbiān de péngyou yí gè gè **chū shuāng rù duì**, **gé sān chà wǔ** hái huì shōudào **xǐtiě**, zhèxiē dōu shì zài wǎng wǒ **jìmò** de **shāngkǒu** shàng **sǎ yán** a.

Lǐ Yuè: **Bǐcǐ**, **Bǐcǐ**! Wǒ zhège yuè de **gōngzī** yòu yào ná yí dà bǐ chūlai gěi tóngshì、péngyou. Tāmen ①<u>búshì</u> jiéhūn <u>jiùshì</u> gěi háizi guò **mǎnyuè**.

Wáng Qiáng: Yǒu shíhou wǒ zhēn bù dǒng wèishénme zhǎo yí ge héshì de nǚpéngyou zhème nán. Suīrán wǒ bú suàn "gāo fù shuài", dàn ②<u>zhìshǎo</u> kàn qǐlai yě suàn **yīngjùn xiāosǎ**; suīrán wǒ búshì "**hǎiguī**", dàn zhìshǎo yě yǒu zhāng **ná de chū shǒu** de **wénpíng**; suīrán wǒ mǎi bu qǐ **háozhái**, dàn zhìshǎo yě yǒu yí tào liǎng shì yì tīng de fángzi. Duìle, nǐmen gōngsī de měinǚ nàme duō, nǐ bāng wǒ jièshào jièshào?

Lǐ Yuè: Wǒmen gōngsī de **dānshēn** měinǚ ③<u>dào</u> bù shǎo, búguò gāo ǎi、pàng shòu、niánlíng、**xuélì**, měige rén de biāozhǔn dōu bù yíyàng, nǐ dàodǐ xǐhuan shénmeyàng de ne?

Wáng Qiáng: Qíshí wǒ de yāoqiú bìng bù gāo. Wǒ lǐxiǎng de nǚyǒu, zhǐyào měilì **dàfang**, **wēnróu shànliáng** jiù xíng. Zuìhǎo búyào **guòfèn** zhuīqiú **wùzhì**, nàzhǒng dì yī cì jiànmiàn jiù wèn wǒ "**Yuèxīn** shì duōshao?" "Shìfǒu yǒu fáng yǒu chē?" de nǚshēng, wǒ dāngrán bù xiǎng gēn tā tán liàn'ài. Fǒuzé, jíshǐ wǒ xiànzài **mǎnzú** le tā de yāoqiú, yě huì dānxīn tā kěnéng wèile gèng yǒu jīngjì shílì de rén ér líkāi wǒ. Xiàng nǐ zhèyàng cōngming、piàoliang, yòu hěn **dúlì** de nǚshēng, yǒu shénme **zé'ǒu** biāozhǔn ne?

Lǐ Yuè: Wǒ juéde nánrén de **zhǎngxiàng** dào bú zhòngyào, dàn yídìng děi yǒu shìyè. Wǒ de lìng yí bàn zài xuélì shàng zhìshǎo yào gēn wǒ xiāngdāng. Tā kěyǐ bú shuài, dàn bùnéng méiyǒu gōngzuò nénglì. Lìngwài, tā bìxū néng lǐjiě wǒ, guānxīn wǒ, búdàn gěi wǒ sòng huā, xiàbān lái jiē wǒ, érqiě yào néng fēnxiǎng wǒ duì shēnghuó de **gǎnshòu**.

Wáng Qiáng: Nà míngtiān xiàbān wǒ lái jiē nǐ, wǒmen yìqǐ qù kàn ge diànyǐng zěnmeyàng?

第10单元 剩男剩女

3 生词 🎧 10-02

Vocabulary

#	词	拼音	词性	英文
1	吹	chuī	v.	break up
2	初恋	chūliàn	n.	first love
3	出双入对	chū shuāng rù duì		go to places together as a couple
4	隔三差五	gé sān chà wǔ	idiom.	at intervals
5	喜帖	xǐtiě	n.	wedding invitation
6	寂寞	jìmò	adj.	lonely
7	伤口	shāngkǒu	n.	wound
8	撒盐	sǎ yán	v.	put salt
9	彼此	bǐcǐ	pron.	each other
10	工资	gōngzī	n.	salary
11	满月	mǎnyuè	n.	a baby's completion of its first month of life
12	英俊	yīngjùn	adj.	handsome
13	潇洒	xiāosǎ	adj.	natural and unrestrained
14	拿得出手	ná de chū shǒu		presentable
15	文凭	wénpíng	n.	diploma
16	豪宅	háozhái	n.	luxury house
17	单身	dānshēn	adj.	single
18	学历	xuélì	n.	qualification
19	大方	dàfang	adj.	generous
20	温柔	wēnróu	adj.	tender
21	过分	guòfèn	adv.	too much
22	物质	wùzhì	n.	material
23	月薪	yuèxīn	n.	monthly salary
24	满足	mǎnzú	v.	satisfy
25	独立	dúlì	adj.	independent
26	择偶	zé'ǒu	v.	choose a spouse
27	长相	zhǎngxiàng	n.	looks
28	感受	gǎnshòu	n.	feeling

注 释 Notes:

1. 海归：指的是有在海外留学或工作经验的归国人员，其谐音为"海龟"。This refers to people returning to the motherland after experiencing study or work abroad. It is a homonym of 海龟.

2. 高富帅：身材高大，有经济实力，并且长得帅，形容男人在各方面都完美无缺。这样的男人往往受到女人的欢迎，在恋爱中容易成功。Tall, rich and handsome, this describes men who are perfect in every aspect. This kind of man tends to be welcomed by women, and easily has success in dating.

Language points

1 不是……就是……

表示二者必居其一。This indicates it must be one or the other.

(1) 他整天坐在电脑旁边，不是浏览新闻就是用电脑写文章。

(2) 这几天我总找不到他，给他打电话，不是没人接就是电话占线 (busy)。

☞ (3) **我这个月的工资又要拿一大笔出来给同事、朋友。她们不是结婚就是给孩子过满月。**

练一练 Practice

(1) 大多数的学生毕业以后不是申请研究生院就是找工作挣钱。

(2) 我不喜欢在网上购物，不是＿＿＿＿，就是＿＿＿＿。

(3) 刚开始学写汉字的时候总是写不对，不是＿＿＿＿，就是＿＿＿＿。

(4) 我的同屋总说自己郁闷，其实他所谓的"郁闷"，不是＿＿＿＿，就是＿＿＿＿。

2 至少

副词，表示最小的程度。As an adverb it means "to the smallest degree".

(1) 我每个月至少给家里打一次电话。

(2) 那件衣服至少三百块钱。

☞ (3) **虽然我不算"高富帅"，但至少看起来也算英俊潇洒。**

练一练 Practice

(1) 你这么晚还不回家，怎么也不跟家人联系呢？至少要打个电话呀。

(2) 他的收入不算高，不过至少＿＿＿＿＿＿＿＿＿＿。

(3) 要是你想学中国武术，光看电影不行，至少＿＿＿＿＿＿＿＿。

(4) 网购的时候，不能只要别人说好就买，至少＿＿＿＿＿＿＿＿。

3 倒

表示让步，用在前一小句中，后一小句常用"就是、可是、但是、不过"等呼应。This indicates a concession, used in a preceding clause, and the following clause usually contains words such as: 就是, 可是, 但是, or 不过, etc.

(1) 这件衣服的样子倒很好看，就是质量太差了。

(2) 我倒想去看看，可是实在没有时间。

☞ (3) **我们公司的单身美女倒不少，不过高矮、胖瘦、年龄、学历，每个人的标准都不一样，你到底喜欢什么样的呢？**

151

练一练 Practice

(1) 网上买衣服倒很方便，可是有的时候衣服不合适，退货很麻烦。
(2) 我倒想去苏州旅行，但是_____。
(3) 他大学毕业找个工作倒不难，但是_____。
(4) 我家离公司倒不远，可是_____。

5 根据对话回答下列问题

Answer the questions below according to the conversation

1. 什么事情让王强觉得是在往他寂寞的伤口上撒盐？
2. 王强觉得自己的条件怎么样？
3. 王强的择偶标准是什么？
4. 为什么王强不喜欢第一次见面就谈月薪的女生？
5. 李月的择偶标准是什么？

6 根据对话，把下面的对话补充完整

Complete the dialogue below according to the conversation

张　红：李响，王强找到女朋友了吗？

李　响：没有，_____。
　　　　（除了……再也没有……谈恋爱）

张　红：我们公司的李月也是单身，我觉得他们很合适。王强的择偶标准是什么呢？

李　响：_____。
　　　　（最好……｜……，否则……）

张　红：李月既聪明又漂亮，而且很独立。她的择偶标准也很简单，_____。
　　　　（……倒……，但……｜学历）

李　响：那我们帮他们介绍介绍吧。王强的条件也不错，_____。
　　　　（虽然不算……但至少……｜高富帅）

Pair work

你的理想的女友/男友是什么样的呢？请你跟同桌讨论一下，你们的择偶标准一样不一样？

What is your ideal girlfriend or boyfriend like? Discuss with your partner, are your standards alike?

Group work

小丽是一个在北京打工的农村姑娘，春节回家期间，她的父母前后为她找了5名相亲对象。她的父母希望女儿能尽快结婚，因为像她这样年龄的女孩子在村里早就结婚了。小丽现在是商场的售货员，她说，"我见过几个，但没有我喜欢的。我不想嫁给工作不如我的。"其实，小丽订过婚，可是去年，她把未婚夫给甩(break up with sb.)了，因为他没有小丽挣得多。从那以后，小丽就一直没有找到喜欢的人，也没约会过。

小丽的择偶标准太高了吗？如果你是小丽的朋友，你会怎么劝她呢？3—4人一组讨论一下。请使用下列常用表达式。

Xiao Li is a village girl working in Beijing. Her parents have arranged 5 different dates for her to go on when she returns for the Spring Festival. The parents hope their daughter can get married soon, as girls of a similar age in the village have all long been hitched. Xiao Li is working as a sales girl in a mall. She says, "I've seen a few, but I don't like any of them. I don't want to marry someone whose job isn't as good as mine." In fact, Xiao Li was engaged, but she broke up with her fiancé last year because he didn't earn as much as her. Since then, she hasn't dated and there is not anyone she has liked.

Are Xiao Li's standards too high? If you were Xiao Li's friend, what advice would you give her? Discuss in groups of 3–4, use the expressions below.

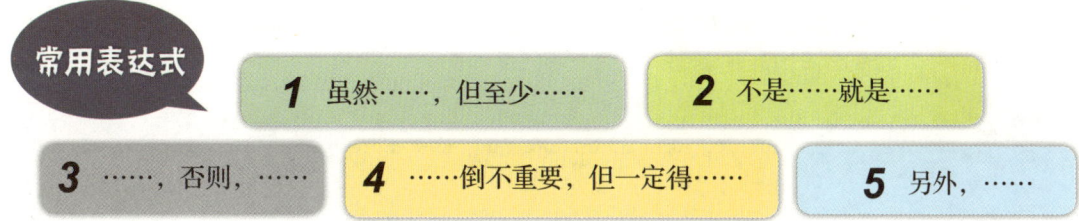

第2课 她们怎么成了必"剩"客?
Tāmen zěnme chéngle bì "shèng" kè?

How Did They Become "Leftovers"?

1 热身活动

Warm-up

1. 下图是某网站开展的"单身女人怎样安排自己生活"的调查活动。当你是单身的时候你会怎么安排自己的个人生活呢? The picture below is an investigation organized by a website on "how single women organize their lives". If you were single how would you organize your life?

单身女人,你的个人生活一般做什么?	单身的你,个人生活一般做什么?
45.37% 专心工作	
20.2% 天天在家看偶像剧,如韩剧、美剧	
17.91% 跟朋友聚会	
7.64% 社交网络	
4.47% 购物刷卡减压	
4.41% 寄情于宠物,如小猫、小狗	

2. 你觉得单身生活就一定不快乐吗?请思考一下,单身生活可能有的快乐和烦恼。Do you think that a single life is definitely unhappy? What is the happiess and annoyance of being single?

	快 乐 Happiness	烦 恼 Annoyance
单身生活 Single life	1. 自由的时间很多,可以做自己想做的事	1. 一个人很孤独,没有人分享快乐
	2.	2.
	3.	3.
	4.	4.

课文

Text

　　大约从十年前起，单身①作为一种生活方式开始引起人们的关注，单身的人也获得了"单身**贵族**"的**称号**。可是，十年后的今天，单身却成为了"**众矢之的**"，特别是"剩女"，更成为人们**关注**的焦点。她们为什么没结婚？她们的生活**究竟**过得怎么样？记者通过朋友介绍，对生活在城市里的17名25岁到48岁，未婚，也没有男朋友的女性进行了**访谈**，想了解一下她们最真实的**内心**世界、生活状态以及所**面临**的**困境**。

　　通过访谈，我们发现，"剩女"往往有各自的情感经历，她们相信爱情，渴望爱情，并积极寻找爱情。从**受访者**的**反馈**来看，她们非常关注自己的内心感受，会思考自己没有像同龄人一样走进婚姻大门的原因。随着年龄的增长，她们对自我和社会的认识不断变化，因而也不断**调整**择偶的标准。虽然没有爱人，但她们时常能感受到幸福和快乐。当然，这一切都②取决于她们良好的心理素质和自我成长。

　　另外，"剩女"常常被认为对另一半要求过高，"不**肯降低**标准"，其实这并不符合事实。41岁的张静是这样**总结**的：30岁以前随便挑，35岁以前还可以再挑一挑，35岁以后就没得挑了。在调查中我们发现，多数"剩女"到了30岁想法会发生改变。张静说，其实想法是逐渐改变的。之前特别**恨嫁**是因为很恐惧30岁，③老是害怕到了30岁会非常孤单。可是过了这个年龄以后就不再着急了，结婚在她们心里的重要程度会④有所降低。

　　结婚还是单身，都只是一种生活方式，每个人的选择不一样才使我们的生活和社会更加**多样化**，社会应该尊重每个人的选择。我们相信，会有越来越多的单身女性**依靠**自己的**智慧赢得**幸福和快乐。那时，"剩女"的**称谓**将渐渐变得**过时**，"剩女"的话题将渐渐变得**乏味**，年轻的与年长的单身女性的人生之路，必将变得更加**轻快从容**。

Dàyuē cóng shí nián qián qǐ, dānshēn ① zuòwéi yì zhǒng shēnghuó fāngshì kāishǐ yǐnqǐ rénmen de guānzhù, dānshēn de rén yě huòdé le "dānshēn guìzú" de chēnghào. Kěshì, shí nián hòu de jīntiān, dānshēn què chéngwéi le "zhòng shǐ zhī dì", tèbié shì "shèngnǚ", gèng chéngwéi rénmen guānzhù de jiāodiǎn. Tāmen wèishénme méi jiéhūn? Tāmen de shēnghuó jiūjìng guò de zěnmeyàng? Jìzhě tōngguò péngyou jièshào, duì shēnghuó zài chéngshì lǐ de shíqī míng èrshíwǔ suì dào sìshíbā suì, wèihūn, yě méiyǒu nánpéngyou de nǚxìng jìnxíng le **fǎngtán**, xiǎng liǎojiě yíxià tāmen zuì zhēnshí de **nèixīn** shìjiè、shēnghuó zhuàngtài yǐjí suǒ **miànlín** de **kùnjìng**.

Tōngguò fǎngtán, wǒmen fāxiàn, "shèngnǚ" wǎngwǎng yǒu gèzì de qínggǎn jīnglì, tāmen xiāngxìn àiqíng, kěwàng àiqíng, bìng jījí xúnzhǎo àiqíng. Cóng **shòufǎngzhě** de **fǎnkuì** lái kàn, tāmen fēicháng guānzhù zìjǐ de nèixīn gǎnshòu, huì sīkǎo zìjǐ méiyǒu xiàng tónglíngrén yíyàng zǒu jìn hūnyīn dàmén de yuányīn. Suízhe niánlíng de zēngzhǎng, tāmen duì zìwǒ hé shèhuì de rènshi búduàn biànhuà, yīn'ér yě búduàn **tiáozhěng** zé'ǒu de biāozhǔn. Suīrán méiyǒu àirén, dàn tāmen shícháng néng gǎnshòu dào xìngfú hé kuàilè. Dāngrán, zhè yíqiè dōu ② qǔjué yú tāmen liánghǎo de xīnlǐ sùzhì hé zìwǒ chéngzhǎng.

Lìngwài, "shèngnǚ" chángcháng bèi rènwéi duì lìng yí bàn yāoqiú guò gāo, "bù **kěn jiàngdī** biāozhǔn", qíshí zhè bìng bù fúhé shìshí. Sìshíyī suì de Zhāng Jìng shì zhèyàng **zǒngjié** de: sānshí suì yǐqián suíbiàn tiāo, sānshíwǔ suì yǐqián hái kěyǐ zài tiāo yi tiāo, sānshíwǔ suì yǐhòu jiù méi de tiāo le. Zài diàochá zhōng wǒmen fāxiàn, duōshù "shèngnǚ" dàole sānshí suì xiǎngfǎ fāshēng huì gǎibiàn. Zhāng Jìng shuō, qíshí xiǎngfǎ shì zhújiàn gǎibiàn de. Zhīqián tèbié **hèn jià** shì yīnwèi hěn kǒngjù sānshí suì, ③ lǎoshì hàipà dàole sānshí suì huì fēicháng gūdān. Kěshì guòle zhège niánlíng yǐhòu jiù bú zài zháojí le, jiéhūn zài tāmen xīnli de zhòngyào chéngdù huì ④ yǒusuǒ jiàngdī.

Jiéhūn háishi dānshēn, dōu zhǐshì yì zhǒng shēnghuó fāngshì, měige rén de xuǎnzé bù yíyàng cái shǐ wǒmen de shēnghuó hé shèhuì gèngjiā **duōyànghuà**, shèhuì yīnggāi zūnzhòng měige rén de xuǎnzé. Wǒmen xiāngxìn, huì yǒu yuèláiyuè duō de dānshēn nǚxìng **yīkào** zìjǐ de **zhìhuì yíngdé** xìngfú hé kuàilè. Nàshí, "shèngnǚ" de **chēngwèi** jiāng jiànjiàn biàn de **guòshí**, "shèngnǚ" de huàtí jiāng jiànjiàn biàn de **fáwèi**, niánqīng de yǔ niánzhǎng de dānshēn nǚxìng de rénshēng zhī lù, bìjiāng biàn de gèngjiā **qīngkuài cóngróng**.

Vocabulary

🎧 10-04

1	大约	dàyuē	adv.	about
2	贵族	guìzú	n.	noble man
3	称号	chēnghào	n.	title
4	众矢之的	zhòng shǐ zhī dì	idiom.	target of public criticism
5	关注	guānzhù	v.	pay close attention to
6	究竟	jiūjìng	adv.	exactly
7	访谈	fǎngtán	n.	interview
8	内心	nèixīn	n.	inner self
9	面临	miànlín	v.	face
10	困境	kùnjìng	n.	trouble
11	受访者	shòufǎngzhě	n.	interviewee
12	反馈	fǎnkuì	v.	feedback
13	调整	tiáozhěng	v.	adjust
14	肯	kěn	v.	will
15	降低	jiàngdī	v.	reduce; lower
16	总结	zǒngjié	v.	summarize
17	恨嫁	hèn jià		desperate to marry
18	多样化	duōyànghuà	n.	diversification
19	依靠	yīkào	v.	rely on
20	智慧	zhìhuì	n.	wisdom
21	赢得	yíngdé	v.	win
22	称谓	chēngwèi	n.	title
23	过时	guòshí	adj.	out of date
24	乏味	fáwèi	adj.	boring
25	轻快	qīngkuài	adj.	easy
26	从容	cóngróng	adj.	calm

Language points

1 作为

表示"就人的某种身份或者事物的某种性质来说",其后必须带名词宾语,没有否定式。This is used to introduce the identity of a person or the nature of a thing. It must be accompanied by a noun object, and has no negative form.

(1) 作为一个学生,首先得用功学习。

(2) 作为一个演员,她每天要面对各种人对她的评论。

☞ (3) 大约从十年前起,单身作为一种生活方式开始引起人们的关注,单身的人也获得了"单身贵族"的称号。

157

> **练一练** Practice
>
> (1) 京剧<u>作为中国传统艺术的代表</u>，受到了中外观众的喜爱。
> (2) _____，李老师不仅教他学习武术，还帮他了解中国文化。
> (3) 作为宠物的主人，_____。
> (4) 作为一名大四的学生，_____。

② 取决于

动词，表示"由某方面或某种情况决定"，其后必须带宾语，所带宾语可以是一个名词，也可以是问句形式或表示两种对立意义的词。It is a verb indicating a decision made due to some aspect or situation. It must be accompanied by an object. The object can be a noun, a question, or words with two contradictory meanings.

(1) 选择哪所大学<u>取决于</u>我能拿到多少奖学金(scholarship)。

(2) 你只能自己调整心情，开心还是难过一切都<u>取决于</u>你自己。

☞ (3) **虽然没有爱人，但她们时常能感受到幸福和快乐。当然，这一切都<u>取决于</u>她们良好的心理素质和自我成长。**

> **练一练** Practice
>
> (1) 明天我们是否去郊游 完全取决于<u>天气情况</u>。
> (2) 学习成绩的提高完全取决于_____。
> (3) 应该选择什么职业完全取决于_____。
> (4) 应该在网上购物还是去商场取决于_____。

③ 老是

副词，表示"一直、总是"。但"老是"的后面常常说的是不希望发生的事情。As an adverb meaning "always" or "continuously", 老是 is usually followed by something which is hoped not to happen.

(1) 他<u>老是</u>上课迟到。

(2) 他的想法<u>老是</u>不能得到别人的认可，这让他感到很郁闷。

☞ (3) **（我）之前特别恨嫁是因为很恐惧30岁，<u>老是</u>害怕到了30岁会非常孤单。**

> **练一练** Practice
>
> (1) <u>刚开始学中文的时候我的发音不好</u>，所以老是说不对。
> (2) _____，所以他最近老是心情不好。
> (3) _____，所以他老是找不到合适的女朋友。
> (4) _____，所以他老是丢东西。

④ 有所……

副词，指在一定程度上。It is an adverb meaning "to a certain degree".

(1) 只要付出努力,一定会<u>有所</u>收获。

(2) 最近他注意调整心情,因此工作压力<u>有所</u>减轻。

☞ (3) 可是过了这个年龄以后就不再着急了,(因为)结婚在她们心里的重要程度会<u>有所</u>降低。

练一练 Practice

(1) 口号性的标语被商业性广告取代了,这说明<u>广告在中国有所发展</u>。

(2) 现在买得起私人汽车的家庭越来越多,这表示_____。

(3) _____,所以找工作的压力有所增加。

(4) 很多以前习惯于存款消费的人也开始贷款消费了,这说明_____。

5 根据课文回答问题

Answer the questions below according to the text.

1 人们主要关心"剩女"的哪些问题?
2 这次访谈的对象和内容是什么?
3 "剩女"是不是都不想结婚或者不相信爱情?她们的单身生活幸福吗?
4 "多数'剩女'到了30岁想法会发生改变"是什么意思?
5 "剩女"之所以找不到结婚对象是因为她们要求太高了吗?

6 根据课文,把下列内容用线连接起来

Match the items below according to the text

单身贵族	讨论问题时的关键和重点
高富帅	没结婚、没有子女、又富有的人
海归	比喻大家攻击的对象
众矢之的	接受访问的人
恨嫁	有在国外学习、工作经验的回国人员
焦点	身材高大、有经济实力并且长得帅的男人
受访者	非常想嫁人,希望早点儿结婚

159

Pair work

现在选择在交友网站上找男女朋友的人越来越多。跟你的同桌讨论一下,在不同国家,不同年龄的人(老年人、中年人、青少年)对网上交友的态度有什么不同。然后向全班报告。

Nowadays, more and more people are looking for love on dating websites. With your partner, discuss the differences on attitude of people in different countries and of different ages (the old, middle aged and young) towards online dating. Report your ideas to the class.

年　龄 Age Group	国　家 Country	对网上交友态度 Attitudes to Online Dating

Group work

3—4人一组,采访三个中国人,问他们以下两个问题:

1. 在中国,一般来说什么年龄被认为是应该结婚的年龄呢?
2. 人们对"剩男"和"剩女"的态度有什么不同?

采访时请做笔记,然后比较一下你们国家的人对这个问题的看法,并向全班做一个口头报告。

In groups of 3–4, interview three Chinese people and ask them the two questions below:

1. In China, what age is generally considered appropriate for getting married?
2. What are the different attitudes that people have towards "leftover men" and "leftover women"?

While interviewing, take notes, then compare your findings with the opinions of people in your country. Give a presentation to the class.

第11单元 11

爱美之心，人皆有之
Ài měi zhī xīn, rén jiē yǒu zhī

The Beauty of the Heart Is in Everyone

任务介绍 Introduction

在现代社会的经济活动中，"美丽"已经成为吸引人们消费的一大因素。同时，越来越多的女性为了追求完美，开始接受整容，而"人造美女"也成了人们关注和讨论的社会文化现象。

在这一单元里，我们先来听听孙小姐谈谈她做整容手术的经历，然后讨论一下"美女"和"经济"的关系。

Amongst the economic activities of modern society, beauty has become a major factor in attracting consumers. At the same time, more and more women are chasing perfection and are beginning to accept cosmetic surgery, while the attention on and discussion of artificial beauty has become a cultural phenomenon of society.

In this unit, we will first listen to Miss Sun talk about her experience of having cosmetic surgery, then we will discuss the relationship between beauty and economy.

第 1 课　人造美女
Rénzào měinǚ

Artificial Beauty

 热身活动

Warm-up

1. 女人天生爱美。请看下面的图片，说说这些女孩用什么办法让自己变得更漂亮。
   Women inherently love beauty. Look at the pictures below, and say what methods the girls have used to make themselves more beautiful.

1. _____　2. _____　3. _____

4. _____　5. _____　6. _____

2. 请思考一下，如果让你选择，你会选上图中的哪些办法改善自己的外表呢？为什么？
   If you could choose, which method from the pictures above would you use to improve your appearance,

方法 Methods	原　因 Reasons
1 减肥健身	健康，省钱
2	
3	
4	

2 对 话

Conversation

记　者：从你没做**手术**时的照片上可以看出，你以前长得并不难看啊，为什么还要**整容**呢？

孙小姐：每个女孩都爱美，爱**打扮**，我也想让自己变得更完美。其实整容只是把某些部分**修整**一点，**外表**上不会有翻天覆地的变化，但是会让人更有**精神**，更有自信。

记　者：很多女孩也想通过整容变漂亮，但是又对手术充满恐惧感。你做手术的时候，感觉过程**痛苦**吗？

孙小姐：我第一次整容的时候刚过18岁，对于**医疗**常识一点儿都不懂。躺在手术台上，兴奋**劲儿**一过就开始**害怕**了，不过这种恐惧没有**持续**太长时间。医生给我打了**麻药**，后来**痛觉**消失了，手术也**顺利**完成了。"痛并快乐着"，为了美，**忍受**这种痛苦是值得的。

记　者：你以前也算是个"中级"美女，通过整容可以说变成"**超级**"美女了。现在你的**形象频繁**出现在电视和杂志上，给你的生活带来了什么变化呢？

孙小姐：以前跟朋友们一起出去玩儿互相介绍的时候，大家都说这是我的朋友；而现在他们会①当着我的面说："这就是我们市的第一**人造**美女。"刚开始，我很**在意**这件事，对这种**称呼**很不习惯。可是后来，我渐渐有了一种责任感，觉得自己有责任让大家树立一种**美容**消费的新态度。美容虽然是个人**隐私**，但也不必**遮遮掩掩**，追求美②没有什么见不得人的。事实上，我**周围**很多女性朋友也考虑做整容手术。

第11单元 爱美之心，人皆有之

记　者：以前，人们喜欢说"要注重**心灵美**"，③<u>那现在是不是可以说外表美更重要？</u>

孙小姐：我并不完全同意，其实两个都重要。一个人光有外表美是不够的，外表美可以使一个人获得更多成功的机会，而在得到机会以后，心灵美却可以让她越走越好。

Jìzhě: Cóng nǐ méi zuò **shǒushù** shí de zhàopiān shang kěyǐ kànchū, nǐ yǐqián zhǎng de bìng bù nánkàn a, wèishénme háiyào **zhěngróng** ne?

Sūn xiǎojie: Měi ge nǚhái dōu ài měi, ài **dǎban**, wǒ yě xiǎng ràng zìjǐ biàn de gèng wánměi. Qíshí zhěngróng zhǐshì bǎ mǒuxiē bùfen **xiūzhěng** yìdiǎn, **wàibiǎo** shang búhuì yǒu fān tiān fù dì de biànhuà, dànshì huì ràng rén gèng yǒu **jīngshen**, gèng yǒu **zìxìn**.

Jìzhě: Hěn duō nǚhái yě xiǎng tōngguò zhěngróng biàn piàoliang, dànshì yòu duì **shǒushù** chōngmǎn kǒngjùgǎn. Nǐ zuò shǒushù de shíhou, gǎnjué guòchéng **tòngkǔ** ma?

Sūn xiǎojie: Wǒ dì yī cì zhěngróng de shíhou gāng guò shíbā suì, duìyú **yīliáo** chángshí yìdiǎnr dōu bù dǒng. Tǎng zài shǒushùtái shang, xīngfèn jìnr yí guò jiù kāishǐ **hàipà** le, búguò zhè zhǒng kǒngjù méiyǒu **chíxù** tài cháng shíjiān. Yīshēng gěi wǒ dǎ le **máyào**, hòulái **tòngjué** xiāoshī le, shǒushù yě **shùnlì** wánchéng le. "Tòng bìng kuàilè zhe", wèi le měi, **rěnshòu** zhè zhǒng tòngkǔ shì zhídé de.

Jìzhě: Nǐ yǐqián yě suàn shì ge "zhōngjí" měinǚ, tōngguò zhěngróng kěyǐ shuō biànchéng "chāojí" měinǚ le. Xiànzài nǐ de **xíngxiàng pínfán** chūxiàn zài diànshì hé zázhì shang, gěi nǐ de shēnghuó dàilái le shénme biànhuà ne?

Sūn xiǎojie: Yǐqián gēn péngyoumen yìqǐ chūqu wánr hùxiāng jièshào de shíhou, dàjiā dōu shuō zhè shì wǒ de péngyou; ér xiànzài tāmen huì ①<u>dāngzhe wǒ de miàn</u> shuō: "zhè jiùshì wǒmen shì de dì yī **rénzào měinǚ**". Gāng kāishǐ, wǒ hěn **zàiyì** zhè jiàn shì, duì zhè zhǒng **chēnghu** hěn bù xíguàn. Kěshì hòulái, wǒ jiànjiàn yǒu le yì zhǒng zérèngǎn, juéde zìjǐ yǒu zérèn ràng dàjiā shùlì yì zhǒng **měiróng** xiāofèi de xīn tàidu. Měiróng suīrán shì gèrén **yǐnsī**, dàn yě búbì **zhēzheyǎnyǎn**, zhuīqiú měi ②<u>méiyǒu shénme jiànbudé rén de</u>. Shíshí shang, wǒ **zhōuwéi** hěn duō nǚxìng péngyou yě kǎolǜ zuò zhěngróng shǒushù.

Jìzhě: Yǐqián, rénmen xǐhuan shuō "yào zhùzhòng **xīnlíng měi**", ③<u>nà xiànzài shì bu shì kěyǐ shuō</u> wàibiǎo měi gèng zhòngyào?

Sūn xiǎojie: Wǒ bìng bù wánquán tóngyì, qíshí liǎng ge dōu zhòngyào. Yí ge rén guāng yǒu wàibiǎo měi shì búgòu de, wàibiǎo měi kěyǐ shǐ yí ge rén huòdé gèng duō chénggōng de jīhuì, ér zài dédào jīhuì yǐhòu, xīnlíng měi què kěyǐ ràng tā yuè zǒu yuè hǎo.

3 生词

Vocabulary

1	手术	shǒushù	n.	operation
2	整容	zhěngróng	v.	cosmetic surgery
3	打扮	dǎban	v.	dress up
4	修整	xiūzhěng	v.	repair and maintain
5	外表	wàibiǎo	n.	appearance
6	精神	jīngshen	n.	spirit
7	痛苦	tòngkǔ	n.	pain
8	医疗	yīliáo	n.	medical treatment
9	劲儿	jìnr	n.	vigor
10	害怕	hàipà	v.	be afraid
11	持续	chíxù	v.	continue
12	麻药	máyào	n.	anesthetic
13	痛觉	tòngjué	n.	pain
14	顺利	shùnlì	adj.	smoothly
15	忍受	rěnshòu	v.	endure
16	超级	chāojí	adj.	super
17	形象	xíngxiàng	n.	image
18	频繁	pínfán	adv.	frequently
19	人造	rénzào	adj.	artificial
20	在意	zàiyì	v.	care
21	称呼	chēnghu	n.	name
22	美容	měiróng	n.	beauty treatment
23	隐私	yǐnsī	n.	privacy
24	遮遮掩掩	zhēzhēyǎnyǎn	v.	hide
25	周围	zhōuwéi	n.	surrounding
26	心灵	xīnlíng	n.	spirit

4 语言点

Language points

1 当着……的面
指在某人的面前。It means "in the presence of someone".

(1) 他当着我的面什么都不说，可是在别人面前却说我的坏话。
(2) 父母当着孩子的面吵架，会对孩子造成不良影响。
☞ (3) 而现在他们会当着我的面说："这就是我们市第一人造美女。"

练一练 Practice

(1) 他让我觉得很不好意思，因为他当着朋友的面批评我。
(2) 他明明知道上课的时候不应该吃东西，可是还_____。

(3) 很多明星不喜欢记者，因为_____。

(4) 第一次带女朋友回家，他希望父母_____。

2 没有什么（见不得人/难/害怕……）的

多用于口语。表示一件事情不会让人觉得见不得人、困难或害怕。This is mostly used colloquially to indicate that something should never make someone feel shameful, difficult, or fearful etc.

(1) 虽然他是第一次去中国，可是他的中文很好，所以<u>没有什么害怕的</u>。

(2) 你刚开始学习中文，写错字是很正常的，<u>没有什么不好意思的</u>。

☞ (3) **美容虽然是个人隐私，但也不必遮遮掩掩，追求美<u>没有什么见不得人的</u>。**

练一练 Practice

(1) 要是在网上买的衣服不合适，寄回去退货就行了，<u>没有什么难的</u>。

(2) 现在做整容手术的人很多，_____。

(3) 上课的时候回答不出问题也没关系，_____。

(4) 学语言只要天天练习就行，_____。

3 那是不是可以说/认为……

表示一种推断，后面引出推断得出的结论，多以疑问句形式展现。This indicates an inference. It is followed by a conclusion and is often presented in question.

(1) 在中国，红色表示喜庆、快乐，<u>那是不是可以说</u>含有"红"的词语都表示积极的象征意义呢？

(2) 电子书携带方便而且信息量很大，<u>那是不是可以认为</u>传统的纸质书会被完全取代？

☞ (3) **以前，人们喜欢说"要注重心灵美"，<u>那现在是不是可以说</u>外表美更重要？**

练一练 Practice

(1) 有人说喝茶可以促进消化，<u>那是不是可以说</u>多喝茶就能减肥呢？

(2) 有人说只要根据自己的爱好选择职业才能爱自己的工作，那是不是可以说_____？

(3) 很多大学生说找不到工作是因为现实和他们的要求差距太大，那是不是可以认为_____？

(4) 她认为男人的长相不重要，只要事业有成就行，那是不是可以说_____？

5 根据对话回答下列问题

Answer the questions below according to the conversation

1 孙小姐并不难看，为什么还要整容？
2 孙小姐第一次整容的经历是怎么样的？
3 现在孙小姐的形象频繁出现在电视和杂志上，给她的生活带来了哪些影响？
4 孙小姐后悔说出来自己做过整容手术的事吗？
5 在孙小姐看来，"心灵美"和"外表美"哪个更重要？

6 根据对话，把下面的对话补充完整

Complete the dialogue below according to the conversation

整容医生：	您好，请问需要什么帮助？
孙小姐：	_____。（手术｜完美）
整容医生：	做这样的手术可能要花几万块钱，你考虑好了吗？
孙小姐：	考虑好了，_____。（……是值得的）
孙小姐：	不过，做完手术，我的家人不会完全不认识我了吧？
整容医生：	不会的，_____。（修整｜翻天覆地）
孙小姐：	那做手术的时候会不会特别疼呢？
整容医生：	_____。（麻药｜没有什么……的）

7 双人活动

Pair work

追求美的方式有很多，请你跟同桌讨论一下，哪些是你认为合理的，哪些是你不能接受的，并说说为什么。

There are many ways to persue beauty. Discuss with your partner which you think are reasonable, which you think are unacceptable, and why.

第11单元 爱美之心，人皆有之

8 小组活动

Group work

刘强和李燕谈了两年恋爱，他们打算明年结婚。李燕的朋友告诉她，电视台正在举办一个"寻找最美丽新娘"的活动，参加活动的姑娘都有机会免费接受整容手术，变成完美新娘，并且电视台还会为新娘新郎举办浪漫的旅行婚礼。结婚是一生中的大事，李燕希望自己就是那个"完美新娘"，再加上她一直对自己的身材(figure)不满意，所以想去报名参加。

你觉得李燕会怎么跟刘强说呢？刘强会同意吗？3—4人一组讨论一下。请使用下列常用表达式。

Liu Qiang and Li Yan have been together for two years and they plan to get married next year. Li Yan's friend told her about a TV show called "Looking for the Most Beautiful Bride". Everyone who takes part in the show has the chance to get free cosmetic surgery to become the perfect bride. In addition, the TV station will give the bride and groom a romantic wedding in an exotic location. The wedding is a very important event in one's life and Li Yan hopes to be that "perfect bride". Furthermore, she has never been satisfied with her figure, so she would like to sign up for the show.

How do you think Li Yan should raise the topic with Liu Qiang? Will Liu qiang agree? Discuss in groups of 3–4 and use the expressions below.

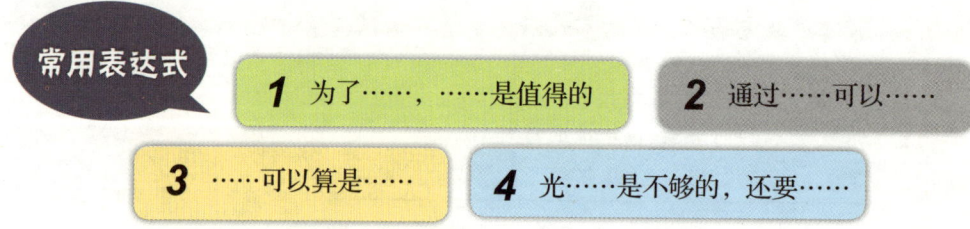

常用表达式
1 为了……，……是值得的
2 通过……可以……
3 ……可以算是……
4 光……是不够的，还要……

第 2 课 美女经济
Měinǚ jīngjì
The Beauty Economy

1 热身活动
Warm-up

1. 请看下面的图片，说说图片中人们在进行什么样的经济活动？美女在这些经济活动中有什么作用？ Look at the pictures below and say what economic activities are taking place. What is the function of the beautiful women in these activities?

1. _____

2. _____

3. _____

4. _____

5. _____

6. _____

2. 请思考一下美女促销商品的好处和坏处分别是什么？然后把它们填写在下面的表格里。What are the advantages and disadvantages of using beautiful women to promote products? Write your ideas in the table below.

	好 处 Advantages	坏 处 Disadvantages
美女促销 Promoting with beauties	1 吸引消费者注意	1 可能提高商品成本
	2	2
	3	3
	4	4

第11单元 爱美之心，人皆有之

2 课文

Text

如今，"美女"与"经济"，就像一对**双胞胎**，在现代经济中**形影不离**。商场**开幕**因为有"美女形象**大使**"而吸引更多顾客；**车展**因为有"**美女车模**"而获得更高**收益**；新产品因为有美女**代言人**来促销而得到无数**订单**；甚至连新书**出版**都因为有"美女**封面**"而引来大批读者……由此可见，"美女经济"作为一种**特殊**的经济形式已经显示出其他经济形式①<u>难以替代</u>的魅力。

美女经济是"多赢"的经济。②<u>以选美为例</u>，"环球小姐""旅游**形象大使**""广告新星"等各种比赛**层出不穷**。对城市来说，**举办**"选美"活动，不但可以借此大做宣传，提高**知名度**，更可以利用这个机会吸引**成千上万**的游客来**观光**消费；对参赛者来说，一旦成功，就可得到一笔**可观**的**奖金**；而对电视媒体来说，不仅吸引了广告**投资**，还提高了**收视率**。③<u>难怪人们对"美女经济"充满了热情</u>。

然而，也有很多人④<u>对"美女经济"持反对的态度</u>。很多人因美女而来，随美女而走，根本无心消费。此外，商品价格由于有"美女"促销而大大提高，但是商品的质量往往被消费者和商家所**忽略**。⑤<u>更重要的是</u>，**过度**地宣传"美女"意识，对年轻一代会产生不良的影响。比方说，许多年轻女性认为，在这个处处"**以貌取人**"的社会里，没有美丽外表⑥<u>就等于</u>失去了机会。她们为了追求外表的漂亮，花大量的金钱做整容手术。"学得好不如嫁得好，嫁得好不如长得好"这样的观念在相当多的年轻女孩中存在。**社会学家**指出，在"美女经济"中，美女被当成了商品，不论"选美"还是"造美"，都是为了迎合男性的**喜好**。这样的现象令人担忧，也不利于女性追求与男性平等的社会地位。

Rújīn, "měinǚ" yǔ "jīngjì", jiù xiàng yí duì shuāngbāotāi, zài xiàndài jīngjì zhōng xíng yǐng bù lí. Shāngchǎng kāimù yīnwèi yǒu "měinǚ xíngxiàng dàshǐ" ér xīyǐn gèng duō gùkè; chēzhǎn yīnwèi yǒu "měinǚ chēmó" ér huòdé gèng gāo shōuyì; xīn chǎnpǐn yīnwèi yǒu měinǚ dàiyánrén lái cùxiāo ér dédào wúshù dìngdān; shènzhì lián xīnshū chūbǎn dōu yīnwèi yǒu "měinǚ fēngmiàn" ér yǐnlái dà pī dúzhě…… Yóu cǐ kě jiàn, "měinǚ jīngjì" zuòwéi yì zhǒng tèshū de jīngjì xíngshì yǐjīng xiǎnshì chū qítā jīngjì xíngshì ① nányǐ tìdài de mèilì.

Měinǚ jīngjì shì "duō yíng" de jīngjì. ② Yǐ xuǎn měi wéi lì, "huánqiú xiǎojiě"、 "lǚyóu xíngxiàng dàshǐ"、 "guǎnggào xīn xīng" děng gèzhǒng bǐsài céng chū bù qióng. Duì chéngshì lái shuō, jǔbàn "xuǎn měi" de huódong, búdàn kěyǐ jiè cǐ dàzuò xuānchuán, tígāo zhīmíngdù, gèng kěyǐ lìyòng zhège jīhuì xīyǐn chéng qiān shàng wàn de yóukè lái guāngguāng xiāofèi; duì cānsàizhě lái shuō, yídàn chénggōng, jiù kě dédào yì bǐ kěguān de jiǎngjīn; ér duì diànshì méitǐ lái shuō, bùjǐn xīyǐn le guǎnggào tóuzī, hái tígāo le shōushìlǜ. ③ Nánguài rénmen duì "měinǚ jīngjì" chōngmǎn le rèqíng.

Rán'ér, yě yǒu hěn duō rén ④ duì "měinǚ jīngjì" chí fǎnduì de tàidu. Hěn duō rén yīn měinǚ ér lái, suí měinǚ ér zǒu, gēnběn wúxīn xiāofèi. Cǐwài, shāngpǐn jiàgé yóuyú yǒu "měinǚ" cùxiāo ér dà dà tígāo, dànshì shāngpǐn de zhìliàng wǎngwǎng bèi xiāofèizhě hé shāngjiā suǒ hūlüè. ⑤ Gèng zhòngyào de shì, guòdù de xuānchuán "měinǚ" yìshí, duì niánqīng yídài huì chǎnshēng bùliáng de yǐngxiǎng. Bǐfang shuō, xǔduō niánqīng nǚxìng rènwéi, zài zhège chùchù "yǐ mào qǔ rén" de shèhuì lǐ, méiyǒu měilì wàibiǎo ⑥ jiù děngyú shīqù le jīhui. Tāmen wèi le zhuīqiú wàibiǎo de piàoliang, huā dàliàng de jīnqián zuò zhěngróng shǒushù. "Xué de hǎo bù rú jià de hǎo, jià de hǎo bù rú zhǎng de hǎo" zhèyàng de guānniàn zài xiāngdāng duō de niánqīng nǚhái zhōng cúnzài. Shèhuìxué jiā zhǐchū, zài "měinǚ jīngjì" zhōng, měinǚ bèi dāng chéng le shāngpǐn, bú lùn "xuǎn měi" háishi "zào měi", dōu shì wèile yínghé nánxìng de xǐhào. Zhèyàng de xiànxiàng lìng rén dānyōu, yě búlì yú nǚxìng zhuīqiú yǔ nánxìng píngděng de shèhuì dìwèi.

生词

Vocabulary

1	双胞胎	shuāngbāotāi	n.	twins
2	形影不离	xíng yǐng bù lí		inseperable
3	开幕	kāimù	n.	opening
4	大使	dàshǐ	n.	ambassador
5	车展	chēzhǎn	n.	automotive exhibition
6	车模	chēmó	n.	(motor show) model
7	收益	shōuyì	n.	income
8	代言人	dàiyánrén	n.	spokesperson
9	促销	cùxiāo	v.	promote
10	订单	dìngdān	n.	order

11	出版	chūbǎn	v.	publish	20	观光	guānguāng	n.	sightseeing
12	封面	fēngmiàn	n.	front cover	21	可观	kěguān	adj.	considerable
13	特殊	tèshū	adj.	special	22	奖金	jiǎngjīn	n.	prize money
14	替代	tìdài	v.	replace	23	投资	tóuzī	n.	investment
15	形象大使	xíngxiàng dàshǐ	n.	image representative	24	收视率	shōushìlǜ	n.	audience rating
					25	忽略	hūlüè	v.	ignore
16	层出不穷	céng chū bù qióng		come out one after the other	26	过度	guòdù	adj.	excessive
					27	以貌取人	yǐ mào qǔ rén	idiom.	judging people by appearance
17	举办	jǔbàn	v.	hold					
18	知名度	zhīmíngdù	n.	recognition	28	社会学家	shèhuìxuéjiā	n.	sociologist
19	成千上万	chéng qiān shàng wàn	adj.	numerous	29	喜好	xǐhào	n.	preference

Language points

1 难以

指"不容易,不易于"。主要用于动词前,多用于书面语。It's an verb meaning "not easily", or "not readily". It is mainly used before a verb and in written language.

常用表达式: **难以+替代/理解/发现/想象/接受**

(1) 孩子的心理问题因为<u>难以发现</u>而常常被父母忽视。

(2) 有些女性为了追求美连续做十几项整容手术,这真让人<u>难以理解</u>。

☞ (3) "美女经济"作为一种特殊的经济形式已经显示出其他经济形式<u>难以替代</u>的魅力。

> **练一练 Practice**
>
> (1) 来北京以后,我发现这座古老的城市特别现代化,简直让人难以相信。
> (2) 他明明知道现在的房价很高还要买房,让人_____。
> (3) 虽然我们有了电视、网络,但是报纸的功能仍然_____。
> (4) 很多家长认为大学的学费太高,让人_____。

2 以……为例

指"用/拿……作为例子",通常用来举例。This means "take sth. for example". It is used to introduce an example.

(1) 中国很多城市都用很好的条件吸引"海归"。<u>以上海为例</u>,每年都会用4000万元支持留学生到上海来工作。

(2) 有的汉字是把两个字加在一起表示一个新的意思。以"休"为例，是"人"靠在一棵树（木）上，表示休息。

☞ (3) **以"选美"为例**，"环球小姐""旅游形象大使""广告新星"等各种比赛层出不穷。

练一练 Practice

(1) 中国人和美国人在消费观念上很不同，以买房为例，<u>中国老太太攒钱买房，美国老太太贷款买房</u>。

(2) 中国各地的菜品都有不同的特点，_____。

(3) 有些中国传统艺术以前深受人们喜爱，现在却受到冷遇，_____。

(4) 在中国，有很多购物网站很受欢迎，_____。

3 难怪

表示醒悟，明白了原因而不再觉得奇怪。在"难怪"的前或后常有说明真相的小句。This means "come to realize the truth", the reason is understood and no longer appears strange. Preceding or following 难怪 usually is a clause indicating the truth.

(1) 那个英国人有很多中国朋友，<u>难怪</u>他说中文说得那么好。

(2) <u>难怪</u>他要搬到学校外面的公寓(apartment)去，他的宿舍太小了。

☞ (3) **难怪人们对"美女经济"充满了热情。**

练一练 Practice

(1) 他在北京住了十年了，难怪<u>汉语说得这么好</u>。

(2) 难怪_____，这家中餐馆的中国菜不太地道。

(3) 她一心情不好就疯狂购物，难怪_____。

(4) 难怪_____，她的择偶标准太高，只想找"高富帅"。

4 对……持反对态度

表示某人对一个问题的态度是反对的。相反的，表示支持或理解可以说"对……持支持/宽容的态度"。This indicates that someone's attitude towards a problem is disapproval. On the opposite, 对…持支持/宽容的态度 means that someone holds supportive or understanding attitude.

(1) 很多家长<u>对</u>中小学生使用手机<u>持反对的态度</u>。

(2) 何塞的父母<u>对</u>他去中国拜师学武术<u>持支持的态度</u>。

☞ (3) **然而，也有很多人对"美女经济"持反对的态度。**

练一练 Practice

(1) 网上交友存在很多问题，所以<u>我对网恋持反对态度</u>。

(2) 很多网络流行语其实语法都不对，不过，_____。

(3) 整容手术一旦失败，很难改变，所以_____。

(4) 有的专家建议京剧应该做些改变来吸引观众，可是_____。

第11单元 爱美之心，人皆有之

5 更重要的是，……

用来引出更重要的原因、目的等。This leads to a more important reason, aim; etc.

(1) 我要去中国南方旅游，欣赏那里的美景，<u>更重要的是</u>，我要利用这个机会用中文跟当地人交流。

(2) 网络给年轻人提供了更快捷的沟通方式，<u>更重要的是</u>，网络带给现代商业一种新的经营模式，让年轻人能在网络环境中寻找创业的机会。

☞(3) **商品价格由于有"美女"促销而大大提高，但是商品的质量往往被消费者和商家所忽略。<u>更重要的是</u>，过度地宣传"美女"意识，对年轻一代会产生不良的影响。**

练一练 Practice

(1) 她的择偶标准并不高，她希望另一半在学历上至少要跟她相当，更重要的是，<u>要有爱心</u>。

(2) 进入大学以后，你不但要努力学习，更重要的是_____。

(3) 她去做整容手术是为了变得更漂亮，更重要的是_____。

(4) 找工作的时候不但要考虑自己的兴趣爱好，更重要的是_____。

6 A就等于B

指A跟B是一样的。其否定为"A"不等于"B"。It means that A and B are equivalent. The negative form is "A不等于B".

(1) 尊重别人<u>就等于</u>尊重自己。

(2) 大城市里常常堵车，因此有了私人汽车并<u>不等于</u>可以享受方便快捷。

☞(3) **在这个处处"以貌取人"的社会里，没有美丽外表，<u>就等于</u>失去了机会。**

练一练 Practice

(1) 如果你休息得不好，<u>工作的时候没有效率就等于浪费时间</u>。

(2) 选择职业的时候不但要知道自己喜欢什么，还要知道自己擅长什么，因为有时候_____。

(3) 虽然国家鼓励消费，但也不能不考虑自己的能力疯狂购物，_____。

(4) 一般来说，价格贵的东西质量更好，可是_____。

5 根据课文回答下列问题

Answer the questions below according to the text

1 "美女经济"是什么意思？都有哪些形式？

2　为什么说举办选美比赛是"多赢"？
3　为什么有的人对"美女经济"持反对态度？
4　过度宣传"美女"意识，对年轻人有什么不良影响？
5　"选美"和"造美"会带来什么社会问题？

6 根据课文，把下列内容用线连接起来

Match the items below according to the text

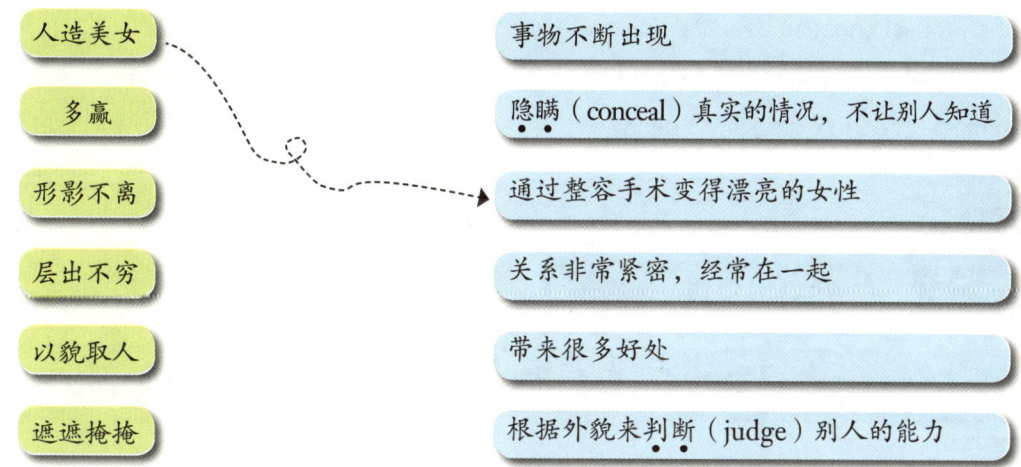

人造美女　　　　　　事物不断出现

多赢　　　　　　隐瞒（conceal）真实的情况，不让别人知道

形影不离　　　　　　通过整容手术变得漂亮的女性

层出不穷　　　　　　关系非常紧密，经常在一起

以貌取人　　　　　　带来很多好处

遮遮掩掩　　　　　　根据外貌来判断（judge）别人的能力

7 双人活动

Pair work

"学得好不如嫁得好，嫁得好不如长得好。"为什么现在有些年轻女孩会有这样的观念？请跟你的同桌讨论一下，你们认为这句话有道理吗？为什么？

"Studying well is not as good as marrying well, marrying well is not as good as looking great". Why do some young women hold this view? Discuss with your partner if there is any justification behind this sentence and why.

小组活动

Group work

思考下面两个问题：倘若你的公司推出新产品，你会选择美女来促销吗？倘若你是一个消费者，你会不会因为是美女促销就购买商品呢？

3—4人一组，讨论一下"美女经济"对商家和对消费者的影响有什么不同。请使用下列常用表达式。

Consider the following two questions: if you were marketing a company with a new product, would you choose beautiful girls to help with the promotion? And so, if you were a consumer, would you buy the product because beautiful girls were used in the promotion?

In groups of 3–4, discuss "the Beauty Economy" and the different effects it has on businesses and consumers. Use the expressions below.

常用表达式

1. 对……持……的态度
2. A……，而B则……
3. 并非仅仅为了……而是……
4. 不但可以……更可以……
5. 让人担忧的是……

第12单元 12

Míngpái rè
名牌热
Hot Brands

任务介绍 Introduction

改革开放以后，商品种类逐渐丰富，大量世界名牌商品进入中国市场。一方面，随着生活水平的提高，消费者的品牌意识也在不断增强；而另一方面，也出现了盲目追求名牌的现象。

在这一单元里，我们先来听听两位同事谈她们对买名牌商品的态度，然后讨论一下在大学生中名牌热形成的原因以及给他们带来的影响。

After the Reform and Opening up, various types of commercial products become more and more abundant, and numerous world famous brands have entered the Chinese market. On the one hand, as lifestyles have improved, customers awareness of brands has increased. On the other hand, the phenomenon of blindly searching for famous brands has arisen.

In this unit, first we will listen to two colleagues talk about their attitudes towards buying branded products. Then we will discuss why hot brands have formed among university students, and the effect this has brought to their lives.

第 1 课 你买名牌了没有?
Nǐ mǎi míngpái le méiyǒu?
Have You Bought Branded Products?

1 热身活动

Warm-up

1. 请看下面的图片,将图片与品牌名称对应起来。Look at the pictures below and say which brands are represented by each.

1　　　　　2　　　　　3　　　　　4

5　　　　　6　　　　　7　　　　　8

甲壳虫 (Volkswagon Beetle)	星巴克 (Starbucks)	奔驰 (Mercedes-benz)	李宁 (Li-ning)
路易威登 (Louis Vuitton)	茅台 (Moutai)	花花公子 (Playboy)	香奈儿 (Chanel)

2. 请思考一下,说说在你的生活中,哪些东西一定要用名牌的,哪些不一定,为什么。Think about it and tell in your life which things that you buy must be branded, which does it not matter and why?

商品类型 Product Types	一定要用名牌的原因 Reasons It Must Be Branded	不一定用名牌的原因 Reasons Why the Brand Doesn't Matter
化妆品	质量好,不会伤害皮肤	价钱贵,不一定适合自己

Conversation

张丽：快过新年了，辛苦工作了一年，我打算把**年终**奖金拿出来，给自己买一件礼物，可还没决定买什么。

王芳：买个名牌包吧。咱们公司几乎每人都拥有几件**名牌**，你要不要也让自己**时髦**一下？我也打算买呢。

张丽：我一直不理解为什么人们会花那么多钱买名牌。①<u>难道</u>拿个名牌包、穿件名牌衣服，就能体现自己的**品位**、增加自信心？

王芳：那当然了。一般来说，名牌商品的**质量**比**同类**商品质量好，**样式**也更时髦。②<u>哪个</u>女人<u>不</u>希望自己<u>引人注目</u>呢？女人**崇尚**名牌就是因为希望走在街上，身上的名牌吸引所有路人的**目光**。

张丽：我觉得如果收入水平高，在经济**承受**能力**范围**内买几件名牌也没有什么，可要是因为**攀比**而购买名牌，我接受不了。上次看到一篇**报道**，说有个女人为了买名牌包，每餐都吃方便面，结果身体不好，病倒了。这③<u>简直</u>是**得不偿失**。

王芳：你说的这种情况太**极端**了。现代社会，人们工作生活压力这么大，**偶尔**买一两件**奢侈品**既能让自己高兴一下，又能提高生活质量，不是很好吗？

张丽：我不同意。④<u>照你的说法</u>，如果说有钱、能满足物质需要就叫有生活质量，那是不是所有的富人都有生活质量，而穷人就没有生活质量呢？如果说住在大城市才算有生活质量，那是不是所有的城市人都有生活质量，而**农村**人就没有生活质量呢？当然不是。生活质量并不属于某一种人，而是一种心态。只要清楚地**衡量**自己的能力，在**有限**的条件下追求最好的生活，就算有生活质量。

179

第12单元 名牌热

王芳：有道理。你看我买的包价格都在两百元左右，我也没觉得不好啊，省钱又时尚，还可以常常换新的呢。如果是名牌，还得担心放地上**脏**了，下大雨**淋**了，而且**保养**起来又贵又不方便。说了这么多，那你决定买什么了吗？

张丽：我的手机太旧了，连网都不能上，要不买个苹果手机吧。

王芳：苹果手机？那也是名牌呀！

Zhāng Lì: Kuài guò xīnnián le, xīnkǔ gōngzuò le yì nián, wǒ dǎsuàn bǎ **niánzhōng** jiǎngjīn ná chūlai, gěi zìjǐ mǎi yí jiàn lǐwù, kě hái méi juédìng mǎi shénme.

Wáng Fāng: Mǎi ge **míngpái** bāo ba. Zánmen gōngsī jīhū měi rén dōu yōngyǒu jǐ jiàn **míngpái**, nǐ yào bu yào yě ràng zìjǐ **shímáo** yíxià? Wǒ yě dǎsuàn mǎi ne.

Zhāng Lì: Wǒ yìzhí bù lǐjiě wèi shénme rénmen huì huā nàme duō qián mǎi míngpái. ①<u>Nándào</u> ná ge míngpái bāo, chuān jiàn míngpái yīfu, jiù néng tǐxiàn zìjǐ de **pǐnwèi**, zēngjiā zìxìnxīn?

Wáng Fāng: Nà dāngrán le. Yìbān lái shuō, míngpái shāngpǐn de **zhìliàng** bǐ **tónglèi** shāngpǐn zhìliàng hǎo, **yàngshì** yě gèng shímáo. ②<u>Nǎge nǚrén bù xīwàng zìjǐ yǐn rén zhùmù ne</u>? Nǚrén **chóngshàng** míngpái jiùshì yīnwèi xīwàng zǒu zài jiē shang, shēnshang de míngpái xīyǐn suǒyǒu lùrén de **mùguāng**.

Zhāng Lì: Wǒ juéde rúguǒ shōurù shuǐpíng gāo, zài jīngjì **chéngshòu** nénglì **fànwéi** nèi mǎi jǐ jiàn míngpái yě méiyǒu shénme, kě yàoshi yīnwèi **pānbǐ** ér gòumǎi míngpái, wǒ jiēshòu bù liǎo. Shàngcì kàndào yì piān **bàodào**, shuō yǒu ge nǚrén wèile mǎi míngpái bāo, měi cān dōu chī fāngbiànmiàn, jiéguǒ shēntǐ bù hǎo, bìng dǎo le. Zhè ③<u>jiǎnzhí shì dé bù cháng shī</u>.

Wáng Fāng: Nǐ shuō de zhè zhǒng qíngkuàng tài **jíduān** le. Xiàndài shèhuì, rénmen gōngzuò shēnghuó yālì zhème dà, **ǒu'ěr** mǎi yì liǎng jiàn **shēchǐpǐn** jì néng ràng zìjǐ gāoxìng yíxià, yòu néng tígāo shēnghuó zhìliàng, búshì hěn hǎo ma?

Zhāng Lì: Wǒ bù tóngyì. ④<u>Zhào nǐ de shuōfǎ</u>, rúguǒ shuō yǒu qián, néng mǎnzú wùzhí xūyào jiù jiào yǒu shēnghuó zhìliàng, nà shì bu shì suǒyǒu de fùrén dōu yǒu shēnghuó zhìliàng, ér qióngrén jiù méiyǒu shēnghuó zhìliàng ne? Rúguǒ shuō zhù zài dà chéngshì cái suàn yǒu shēnghuó zhìliàng, nà shì bu shì suǒyǒu de chéngshìrén dōu yǒu shēnghuó zhìliàng, ér **nóngcūn**rén jiù méiyǒu shēnghuó zhìliàng ne? Dāngrán búshì. Shēnghuó zhìliàng bìng bù shǔyú mǒu yì zhǒng rén, ér shì yì zhǒng xīntài. Zhǐyào qīngchu de **héngliáng** zìjǐ de nénglì, zài **yǒuxiàn** de tiáojiàn xià zhuīqiú zuì hǎo de shēnghuó, jiùsuàn yǒu shēnghuó zhìliàng.

Wáng Fāng: Yǒu dàolǐ. Nǐ kàn wǒ mǎi de bāo jiàgé dōu zài liǎngbǎi yuán zuǒyòu, wǒ yě méi juéde bù hǎo a, shěngqián yòu shíshàng, hái kěyǐ chángcháng huàn xīn de ne. Rúguǒ shì míngpái, hái děi dānxīn fàng dìshang **zāng** le, xià dàyǔ **lín** le, érqiě **bǎoyǎng** qǐlai yòu guì yòu bù fāngbiàn. Shuōle zhème duō, nà nǐ juédìng mǎi shénme le ma?

Zhāng Lì: Wǒ de shǒujī tài jiù le, lián wǎng dōu bùnéng shàng, yào bù mǎi ge Píngguǒ shǒujī ba.

Wáng Fāng: Píngguǒ shǒujī? Nà yě shì míngpái ya!

Vocabulary

1	年终	niánzhōng	*n.*	end of a year
2	名牌	míngpái	*n.*	famous brand
3	时髦	shímáo	*adj.*	fashionable
4	品位	pǐnwèi	*n.*	taste
5	质量	zhìliàng	*n.*	quality
6	同类	tónglèi	*n.*	similar
7	样式	yàngshì	*n.*	style
8	引人注目	yǐn rén zhùmù	*idiom.*	striking
9	崇尚	chóngshàng	*v.*	advocate
10	目光	mùguāng	*n.*	sight
11	承受	chéngshòu	*v.*	afford
12	范围	fànwéi	*n.*	range
13	攀比	pānbǐ	*v.*	compare
14	报道	bàodào	*n.*	report
15	得不偿失	dé bù cháng shī	*idiom.*	do more harm than good
16	极端	jíduān	*adj.*	extreme
17	偶尔	ǒu'ěr	*adv.*	occasionally
18	奢侈品	shēchǐpǐn	*n.*	luxury goods
19	农村	nóngcūn	*n.*	countryside
20	衡量	héngliáng	*v.*	measure
21	有限	yǒuxiàn	*adj.*	limited
22	脏	zāng	*adj.*	dirty
23	淋	lín	*v.*	drench
24	保养	bǎoyǎng	*v.*	maintain

第12单元 名牌热

Language points

1 难道……（吗）？

"难道"作副词，用于反问句，加强反问语气，可以用在主语前边，也可以用在主语后边。句子末尾可以用"吗"。As an adverb, 难道 is used in a rhetorical question to emphasize the rhetorical tone. It may be used before or after the subject, and 吗 may be used at the end of the sentence.

(1) <u>难道</u>周末也没有时间<u>吗</u>？

(2) 你<u>难道</u>不知道吃太多糖对身体不好<u>吗</u>？

☞(3) **难道拿个名牌包、穿件名牌衣服，就能体现自己的品位、增加自信心？**

练一练 Practice

(1) 你的宿舍这么大，而且也不贵，你应该很满意吧。

<u>你的宿舍这么大，而且也不贵，难道你还不满意吗？</u>

(2) 你知道吃饱了就运动对胃不好吧。

_____?

(3) 你迟到了，你应该知道我们八点上课吧。

_____?

(4) 你知道她是人造美女吧。

_____?

2 哪个+名词/谁+不/没有……（呢）？

疑问代词"哪个+名词"或"谁"与否定词连用，表示反问。The interrogative pronouns 哪个+noun or 谁 is used in conjunction with negatives to indicate a rhetorical question.

(1) 谁<u>不</u>喜欢收入高的工作呢？

(2) 哪个家长<u>不</u>希望孩子能够健康成长呢？

☞(3) **哪个女人<u>不</u>希望自己引人注目呢？**

练一练 Practice

(1) 每个成功的人都经历过一些困难和挫折。

<u>哪个成功的人没经历过一些困难和挫折呢？</u>

(2) 那家饭馆的菜又便宜又好，大家都喜欢。

_____?

(3) 每个女孩都喜欢追求美丽。

_____?

(4) 朋友们都知道他要去中国留学了。

_____

3 简直

副词，强调完全如此或差不多如此，含夸张语气。It is an adverb used to emphasize that something is almost or completely true, with exaggerated tone.

(1) 他画的马简直跟真的一样。

(2) 夏天那么热，宿舍里没有空调，简直是受罪！

☞ (3) 上次看到一篇报道，说有个女人为了买名牌包，每餐都吃方便面，结果身体不好，病倒了。这简直是得不偿失。

练一练 Practice

(1) 那个美国人中文说得特别好，简直跟中国人一样。

(2) 她做完整容手术以后变得很漂亮，简直_____。

(3) 他买的电脑，才用了几天就坏了，简直_____。

(4) 杭州不但有自然美景还有好吃的特色菜，简直_____。

4 照……的说法

表示某人具有某种看法。This indicates that someone has a certain opinion.

(1) 照中国人的说法，爸爸是在哪儿出生的，孩子就是哪儿的人。

(2) 照美国人的说法，只要在美国出生的人都可以竞选总统 (run for president)。

☞ (3) 照你的说法，如果说有钱、能满足物质需要就叫有生活质量，那是不是所有的富人都有生活质量，而穷人就没有生活质量呢？

练一练 Practice

(1) 照老师的说法，想成功光靠聪明是不够的，还要努力。

(2) 照我的中国朋友的说法，_____。

(3) 照网上店家的说法，_____。

(4) 照医生的说法，_____。

5 根据对话回答下列问题

Answer the questions below according to the conversation

1 快过新年了，张丽有什么打算？

2 王芳为什么建议张丽买个名牌包？

3 张丽对买名牌的态度是什么？

4 关于"使用奢侈品可以提高生活质量"，王芳和张丽的看法一样吗？

5 王芳为什么只买两百元左右的包?

6 根据对话，选择正确答案

Choose the correct answers according to the conversation

1 王芳认为买名牌商品有很多好处。下列哪项是她没有提到的?（　　）
   A. 名牌商品样式比较时尚
   B. 女人穿名牌可以吸引路人的目光
   C. 购买名牌商品，公司会提供免费的保养
   D. 名牌商品比一般牌子的商品质量好

2 根据对话，"得不偿失"指的是什么意思?（　　）
   A. 有的名牌商品价格很高可是质量并不好
   B. 为了省钱买名牌，让身体变得不健康，一点儿都不值得
   C. 工作那么辛苦还是买不起奢侈品
   D. 住在大城市，可是生活质量并不高

3 在张丽看来，在什么样的情况下可以买名牌?（　　）
   A. 要是周围的人都拥有名牌，那你也应该买
   B. 最好在名牌商品打折的时候买
   C. 工作压力太大的时候一定要买
   D. 收入高，买得起

4 下面哪句话跟课文内容不符?（　　）
   A. 很多人认为穿名牌、用名牌可以体现一个人的品位
   B. 有的人即使经济条件不高也要想办法拥有名牌
   C. 王芳非常注意保护自己的名牌包
   D. 张丽可能会买个名牌手机

Pair work

跟你的同桌讨论一下，你平时吃的、穿的、用的哪些是名牌产品？为什么要选择这些产品呢？请说出三个理由。

Of the things you eat, wear and use, discuss with your partner which are famous brand products, and why you have chosen them. Give three reasons.

Group work

邻居张阿姨家的女儿今年才10岁，可是穿的、用的一定要是名牌才行。要是爸爸、妈妈不给她买，她就会生气，不吃饭，不上学。问她为什么，小女孩说学校同学们都用名牌的，而且电视广告里她喜欢的明星也用这些东西，她要跟他们一样。张阿姨家的经济条件并不是太好，又不希望女儿生气、不高兴，就想了一个办法，把给女儿买的各类商品都换成名牌商标。已经一个多月了，女儿还没发现。

3—4人一组讨论一下，张阿姨的这个办法怎么样？如果你是张阿姨，你会怎么教育女儿呢？请使用下列常用表达式。

Your neighbor Mrs. Zhang's daughter is only 10 years old, but everything she uses and wears has to be branded. If her parents don't get what she wants, she would get angry, eat nothing and wouldn't go to school. If you ask her why, she says that all her classmates at school use branded products, and the stars she likes use those products on TV ads. She wants to be like them. The financial situation of Mrs. Zhang isn't great, but she doesn't want her daughter to be angry and unhappy. So she decides to put famous brand names onto all the products she has bought for her daughter. A month has already passed and her daughter hasn't found out.

In groups of 3–4, discuss what you think of Mrs. Zhang's idea. If you were her, how would you educate the daughter? Use the expressions below.

第 2 课 当代大学生与名牌消费
Dāngdài dàxuéshēng yǔ míngpái xiāofèi
Modern Day University Students and Brand Consumption

1 热身活动

Warm-up

1. 请看下面的图片，说说这些人可能在做什么？他们做的事情跟名牌有什么关系？Look below, what are the people in the pictures doing? How is what they are doing related to famous brands?

1. _____ 2. _____ 3. _____

4. _____ 5. _____ 6. _____

2. 请看下面图片，说说反映了什么问题？你购物时的标准是什么？质量、价格、品牌，你认为哪个最重要？为什么？What issue is raised in the picture below? What are your standards when buying products? Which is most important, quality, price or brand? And why?

我的购物标准：
A. _____

B. _____

C. _____

2 课文

Text

　　改革开放以后，中国经济快速发展。中国作为世界上最大的市场，吸引了来自世界各地的商品，而很多**品牌**更是在媒体的宣传下成为中国人心中的"世界名牌"。人们追求生活**品质**的标准越来越高，品牌意识也渐渐在人们心中**形成**。不论是什么文化水平、年龄大小或经济能力，人人都赶时髦、讲品位、要**面子**、追名牌。

　　名牌之所以受到消费者欢迎，①<u>不外乎</u>有这样几个原因：第一，"**物有所值**"，虽然名牌商品的价格比一般的同类商品高，但是质量有保证；第二，**售后**服务好，名牌商品在各个大城市都有**专卖店**，如果需要**更换**、退货都很方便；第三，名牌商品容易让人产生**情感**依赖，一旦**初次**使用满意，就会继续购买这个品牌的产品；第四，人们②<u>把</u>拥有名牌商品<u>视为</u>身份的象征，用名牌不但能体现自己的生活方式，而且还会受到别人的尊重，从而得到一种精神上的满足。

　　使用名牌商品固然有很多好处，但是非名牌不买就一定好吗？名牌商品价格**昂贵**，有的消费者为了拥有名牌，用各种办法省钱，③<u>以至于</u>无法保证正常生活水平；有的人想显示身份却又没有那么多钱，于是开始④<u>热衷于</u>购买能够**以假乱真**而价格**相对**便宜的假名牌。名牌热也给学生们带来了**负面**影响，有的校园里形成了互相攀比的风气，部分学生过分关注消费，甚至没有时间和**精力**学习。

　　专家建议，面对名牌的诱惑，**广大**消费者应该树立正确的消费观，在购买名牌商品前应先考虑自己的经济承受能力，不要为了**图一时**高兴，而让自己变成"负翁"。

第12单元 名牌热

　　Gǎigé kāifàng yǐhòu, Zhōngguó jīngjì kuàisù fāzhǎn. Zhōngguó zuòwéi shìjiè shang zuì dà de shìchǎng, xīyǐn le láizì shìjiè gèdì de shāngpǐn, ér hěn duō pǐnpái gèng shì zài méitǐ de xuānchuán xià chéngwéi Zhōngguórén xīnzhōng de "shìjiè míngpái". Rénmen zhuīqiú shēnghuó pǐnzhì de biāozhǔn yuèláiyuè gāo, pǐnpái yìshí yě jiànjiàn zài rénmen xīnzhōng xíngchéng. Búlùn shì shénme wénhuà shuǐpíng、niánlíng dàxiǎo huò jīngjì nénglì, rénrén dōu gǎn shímáo、jiǎng pǐnwèi、yào miànzi、zhuī míngpái.

　　Míngpái zhī suǒyǐ shòudào xiāofèizhě huānyíng, ①búwàihū yǒu zhèyàng jǐ ge yuányīn: dì yī, "wù yǒu suǒ zhí", suīrán míngpái shāngpǐn de jiàgé bǐ yìbān de tónglèi shāngpǐn gāo, dànshì zhìliàng yǒu bǎozhèng; dì èr, shòuhòu fúwù hǎo, míngpái shāngpǐn zài gègè dà chéngshì dōu yǒu zhuānmàidiàn, rúguǒ xūyào gēnghuàn、tuìhuò dōu hěn fāngbiàn; dì sān, míngpái shāngpǐn róngyì ràng rén chǎnshēng qínggǎn yīlài, yídàn chūcì shǐyòng mǎnyì, jiù huì jìxù gòumǎi zhège pǐnpái de chǎnpǐn; dì sì, rénmen ②bǎ yōngyǒu míngpái shāngpǐn shì wéi shēnfen de xiàngzhēng, yòng míngpái búdàn néng tǐxiàn zìjǐ de shēnghuó fāngshì, érqiě hái huì shòudào biérén de zūnzhòng, cóng'ér dédào yì zhǒng jīngshén shàng de mǎnzú.

　　Shǐyòng míngpái shāngpǐn gùrán yǒu hěn duō hǎochu, dànshì fēi míngpái bù mǎi jiù yídìng hǎo ma? Míngpái shāngpǐn jiàgé ángguì, yǒude xiāofèizhě wèile yōngyǒu míngpái, yòng gè zhǒng bànfǎ shěng qián, ③yǐzhìyú wúfǎ bǎozhèng zhèngcháng shēnghuó shuǐpíng; yǒude rén xiǎng xiǎnshì shēnfen què yòu méiyǒu nàme duō qián, yúshì kāishǐ ④rèzhōng yú gòumǎi nénggòu yǐ jiǎ luàn zhēn ér jiàgé xiāngduì piányi de jiǎ míngpái. Míngpái rè yě gěi xuéshēngmen dàilái le fùmiàn yǐngxiǎng, yǒude xiàoyuán lǐ xíngchéng le hùxiāng pānbǐ de fēngqì, bùfen xuésheng guòfèn guānzhù xiāofèi, shènzhì méiyǒu shíjiān hé jīnglì xuéxí.

　　Zhuānjiā jiànyì, miànduì míngpái de yòuhuò, guǎngdà xiāofèizhě yīnggāi shùlì zhèngquè de xiāofèiguān, zài gòumǎi míngpái shāngpǐn qián yīng xiān kǎolǜ zìjǐ de jīngjì chéngshòu nénglì, búyào wèile tú yìshí gāoxìng, ér ràng zìjǐ biànchéng "fùwēng".

Vocabulary

1	品牌	pǐnpái	n. brand	5	物有所值	wù yǒu suǒ zhí	value for money
2	品质	pǐnzhì	n. quality	6	售后	shòuhòu	n. after-sales
3	形成	xíngchéng	v. form	7	专卖店	zhuānmàidiàn	n. brand store
4	面子	miànzi	n. face	8	更换	gēnghuàn	v. replace

9	情感	qínggǎn	n.	feeling	14	负面	fùmiàn	adj. negative
10	初次	chūcì	n.	initial	15	精力	jīnglì	n. effort
11	昂贵	ánggùi	adj.	expensive	16	广大	guǎngdà	adj. vast
12	以假乱真	yǐ jiǎ luàn zhēn		deceived	17	图	tú	v. pursue
13	相对	xiāngduì	adv.	relatively	18	一时	yìshí	adj. temporary

Language points

1 不外乎

表示不超过某个范围以外。This indicates within a certain range.

　　(1) 很多男性的择偶条件<u>不外乎</u>两个：漂亮，温柔 (gentle)。

　　(2) 在学校食堂吃饭选择太少，<u>不外乎</u>三明治、薯条、汉堡包。

☞ (3) **名牌之所以受到消费者欢迎，不外乎有这样几个原因……**

> **练一练 Practice**
>
> (1) 找工作的时候应该考虑的因素不外乎两个：<u>我喜欢什么？我擅长做什么？</u>
> (2) 学中文的好办法不外乎＿＿＿＿＿＿。
> (3) 外国人到北京旅游，常去的景点不外乎＿＿＿＿＿＿。
> (4) 大学生毕业以后做什么？＿＿＿＿＿＿。

2 把……视为……

表示"把……看成是……"。This means "take … as …".

　　(1) 有的年轻女性<u>把</u>做整容手术<u>视为</u>增加自信的途径。

　　(2) 有的人在网上交友的时候并不认真，甚至<u>把</u>这种交友方式<u>视为</u>一种游戏。

☞ (3) **人们把拥有名牌商品视为身份的象征。**

> **练一练 Practice**
>
> (1) 在中国，人们<u>把红色视为喜庆和快乐的象征</u>。
> (2) 现在有不少人对手机有很强的依赖，他们＿＿＿＿＿＿。
> (3) 高考成绩会决定你能不能上好大学，所以高中生＿＿＿＿＿＿。
> (4) 民以食为天，意思是说＿＿＿＿＿＿。

3 以至于

连词，可以用于第二个分句开始，表示由于上文所说的动作、情况的程度很深而形成的结果。As a conjunction, it may be used starting a following clause to indicate that a result occurs due to the depth and formation of the situation or action mentioned earlier.

(1) 作为一名演员，她总是要面对各种人对她的评论。这让她觉得很难受，以至于常常整天心情不好。

(2) 我的工作和生活都离不开电脑，以至于手机一没电就会感觉全身不舒服。

☞ (3) **有的消费者为了拥有名牌，用各种办法省钱，以至于无法保证正常生活水平。**

练一练 Practice

(1) 有些人对爱情和婚姻的要求过于完美，以至于最终成了剩男剩女。

(2) 现代人的娱乐休闲方式很多，占用了文学阅读的时间，以至于_____。

(3) 京剧艺术在国外越来越受人推崇，以至于_____。

(4) 在有的小区，流浪猫的数量成倍增长，以至于_____。

4 热衷于

表示十分爱好（某项活动或事物），其后必须带宾语。This indicates that an activity or object is greatly favored. It must be accompanied by an object.

(1) 很多外国朋友都热衷于学习京剧、武术等中国传统艺术。

(2) 现在有不少消费者都热衷于网上购物。

☞ (3) **有的人想显示身份却又没有那么多钱，于是开始热衷于购买能够以假乱真而价格相对便宜的假名牌。**

练一练 Practice

(1) 很多年轻人在现实中很难找到理想伴侣，所以热衷于网上交友。

(2) 他年轻的时候有1.9米高，又从小喜欢篮球明星，因此_____。

(3) 网络游戏种类丰富，而且很吸引人，所以高中生_____。

(4) 选美比赛可以提高城市知名度，所以_____。

5 根据课文回答下列问题

Answer the questions below according to the text

1　在社会上流行什么样的消费观念？

2　产生这样的消费观的原因是什么？

3　名牌商品为什么受到消费者的欢迎？

4 名牌热给社会带来了哪些负面影响？
5 专家给消费者的建议是什么？

6 在课文中找出与下列句中画线部分意思相近的词语

Find language in the text which has a similar meaning to the underlined words and expressions below

1 旅行不但能放松心情也能增长见识，因此很多年轻人非常喜欢旅行。　　　　　　
2 "学得好不如嫁得好"这种观念给很多年轻女孩带来了不好的影响。　　　　　　
3 面试的时候，公司要看的只有三个方面，能力、经验和性格。　　　　　　
4 有些假名牌，完全能够被人们当成真的，根本看不出来。　　　　　　
5 购买名牌所带来的心理满足是短暂的，只要不断充实自己才能填满内心的空虚。　　　　　　

7 双人活动

Pair work

追求名牌成了大学校园里的一种时尚。请你跟同桌讨论一下，在你们国家年轻人对名牌商品的态度是什么？你的态度是什么？课文中介绍了名牌受大学生喜爱的原因，你在买东西的时候会不会考虑这些因素呢？

Pursuing famous brands has become fashionable on university campuses. Discuss with your partner about the attitudes towards brand-name products among young people in your country. What's your opinion? The text introduced the reasons why famous brands are popular among university students. Do you consider these factors when buying products?

Group work

3—4人一组，采访三个不同国家、不同年龄、不同职业的人，问他们以下两个问题：

第12单元 名牌热

1. 你对"买名牌"的态度是什么？
2. 如果有能够以假乱真的假名牌，你会考虑买吗？为什么？

然后向全班报告。请使用下列常用表达式。

In groups of 3–4, interview 3 people from different countries, of different ages and different professions with the following two questions:

1. What's your attitude towards buying branded products?
2. If you found some high-quality fakes, would you consider buying them? Why?

Present a report to the class, and use the expressions below.

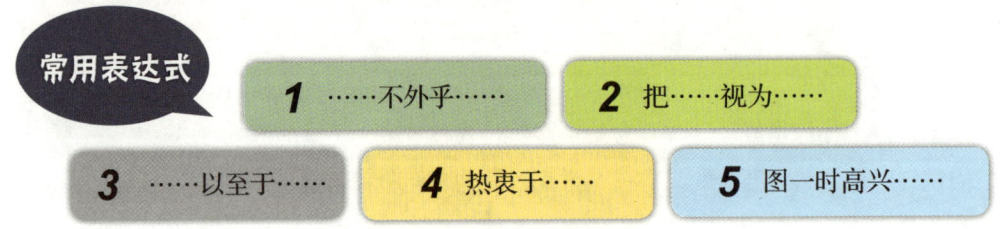

常用表达式

1 ……不外乎……
2 把……视为……
3 ……以至于……
4 热衷于……
5 图一时高兴……

词语表 Glossary

第1单元

第1课

社区	shèqū	n.	community	棋牌	qípái	n.	chess and cards
论坛	lùntán	n.	forum	孙子	sūnzi	n.	grandson
话题	huàtí	n.	topic	视频	shìpín	n.	video
背	bèi	n.	back	媒体	méitǐ	n.	media
耳机	ěrjī	n.	headphone	浏览	liúlǎn	v.	browse
职员	zhíyuán	n.	employee	登录	dēnglù	v.	log in
文章	wénzhāng	n.	article	帖子	tiězi	n.	post
占用	zhànyòng	v.	occupy	梦想	mèngxiǎng	n.	dream
设计师	shèjìshī	n.	designer	店铺	diànpù	n.	shop
盯	dīng	v.	stare	热门	rèmén	adj.	hot (popular)
屏幕	píngmù	n.	screen	无数	wúshù	adj.	countless
搬	bān	v.	move	经营	jīngyíng	v.	operate
偷	tōu	v.	steal				

请把你学到的其他词语写在下面：

第2课

销售员	xiāoshòuyuán	n.	salesperson	客户	kèhù	n.	customer
小偷	xiǎotōu	n.	thief	摸	mō	v.	feel
隔离	gélí	v.	isolate	不安	bù'ān	adj.	restless
只好	zhǐhǎo	adv.	forced to	电信	diànxìn	n.	telecommunications
之前	zhīqián	adj.	old	补	bǔ	v.	replace
名片	míngpiàn	n.	business card	强	qiáng	adj.	strong

193

附录 Appendix

依赖	yīlài	n.	dependence		工具	gōngjù	n.	tool
科技	kējì	n.	technology		减少	jiǎnshǎo	v.	reduce
产品	chǎnpǐn	n.	product		焦虑	jiāolǜ	n.	anxiety
患	huàn	v.	suffer		培养	péiyǎng	v.	develop
症	zhèng	n.	syndrome		其他	qítā	pron.	other
节奏	jiézòu	n.	rhythm		郊游	jiāoyóu	n.	outing
交往	jiāowǎng	n.	interaction					

请把你学到的其他词语写在下面:

_____   _____   _____   _____

第2单元

第1课

邻居	línjū	n.	neighbor		公民	gōngmín	n.	citizen
搞	gǎo	v.	make		素质	sùzhì	n.	quality
主人	zhǔrén	n.	master		伤心	shāngxīn	adj.	sad
影响	yǐngxiǎng	v.	affect		摇头摆尾	yáo tóu bǎi wěi		shake the head and wag the tail
忍无可忍	rěn wú kě rěn		not be able to bear it		迎接	yíngjiē	v.	welcome
敲	qiāo	v.	knock		失踪	shīzōng	v.	go missing
可怜	kělián	adj.	pitiful		警卫员	jǐngwèiyuán	n.	bodyguard
负	fù	v.	be responsible for		看守	kānshǒu	v.	guard
责任	zérèn	n.	responsibility		院子	yuànzi	n.	courtyard
宠物	chǒngwù	n.	pet		陌生	mòshēng	adj.	strange
目的	mùdì	n.	aim		装	zhuāng	v.	pretend
包袱	bāofu	n.	burden		咬	yǎo	v.	bite
文明	wénmíng	adj.	civilized		童年	tóngnián	n.	childhood
检验	jiǎnyàn	v.	test		伙伴	huǒbàn	n.	buddy

请把你学到的其他词语写在下面:

_____   _____   _____   _____

第2课

创办	chuàngbàn	v.	establish
专访	zhuānfǎng	n.	interview
竞争	jìngzhēng	n.	competition
激烈	jīliè	adj.	intense
不顾一切	bú gù yí qiè	adv.	regardlessness
收留	shōuliú	v.	give shelter to
流浪	liúlàng	v.	stray
排序	páixù	v.	rank
心血	xīnxuè	n.	painstaking effort
活	huó	v.	live
坚强	jiānqiáng	adj.	strong
癌症	áizhèng	n.	cancer
可怜	kělián	adj.	pitiful
投入	tóurù	v.	invest
成立	chénglì	v.	establish
唯一	wéiyī	adj.	unique
民间	mínjiān	adj.	non-governmental
机构	jīgòu	n.	agency
忙碌	mánglù	adj.	busy
身影	shēnyǐng	n.	figure
围拢	wéilǒng	v.	surround
依偎	yīwēi	v.	cuddle
抱	bào	v.	hug
救助	jiùzhù	v.	help
饲养	sìyǎng	v.	raise
家伙	jiāhuo	n.	friend
说服	shuōfú	v.	convince
安慰	ānwèi	v.	comfort
力量	lìliang	n.	strength
自信	zìxìn	n.	confidence
项	xiàng	num.	a measure word for jobs, tasks etc.

请把你学到的其他词语写在下面：

_____ _____ _____ _____

第3单元

第1课

思考	sīkǎo	v.	think
色彩	sècǎi	n.	color
差异	chāyì	n.	difference
象征	xiàngzhēng	n.	symbol
鲜血	xiānxuè	n.	blood
流	liú	v.	flow
液	yè	n.	liquid
凋谢	diāoxiè	v.	wither
联想	liánxiǎng	v.	associate
危险	wēixiǎn	n.	danger
暴力	bàolì	n.	violence
含	hán	v.	contain
积极	jījí	adj.	active
对联	duìlián	n.	couplet

附录 Appendix

灯笼	dēnglong	*n.*	lantern		兴隆	xīnglóng	*adj.*	thriving
新郎	xīnláng	*n.*	groom		对象	duìxiàng	*n.*	another
新娘	xīnniáng	*n.*	bride		知己	zhījǐ	*n.*	confidante
披	pī	*v.*	wear		贬义	biǎnyì	*n.*	negative connotation
引申	yǐnshēn	*adj.*	extended		妒忌	dùjì	*adj.*	jealous
顺利	shùnlì	*adv.*	smoothly		害羞	hàixiū	*adj.*	shy
重视	zhòngshì	*n.*	attention		欠	qiàn	*v.*	owe
生意	shēngyi	*n.*	business		学问	xuéwen	*n.*	knowledge

请把你学到的其他词语写在下面：

_____   _____   _____

第 2 课

实际	shíjì	*adj.*	practical		死亡	sǐwáng	*n.*	death
帝王	dìwáng	*n.*	emporor		葬礼	zànglǐ	*n.*	funeral
专用	zhuānyòng	*adj.*	exclusive		描写	miáoxiě	*v.*	describe
权力	quánlì	*n.*	authority		智商	zhìshāng	*n.*	IQ
下发	xiàfā	*v.*	issue		称	chēng	*v.*	call
诞生	dànshēng	*v.*	emerge		良心	liángxīn	*n.*	conscience
流域	liúyù	*n.*	river basin		传说	chuánshuō	*n.*	legend
土地	tǔdì	*n.*	earth		英雄	yīngxióng	*n.*	hero
保障	bǎozhàng	*v.*	guarantee		非法	fēifǎ	*adj.*	illegal
安全	ānquán	*n.*	safety		从事	cóngshì	*v.*	engage in
和平	hépíng	*n.*	peace		禁止	jìnzhǐ	*v.*	forbid
标志	biāozhì	*n.*	symbol		货物	huòwù	*n.*	goods
无限	wúxiàn	*adj.*	unlimited		假如	jiǎrú	*conj.*	if
污染	wūrǎn	*n.*	pollution		平淡	píngdàn	*adj.*	dull
纯洁	chúnjié	*adj.*	pure		色彩	sècǎi	*n.*	color
任何	rènhé	*adv.*	any		描绘	miáohuì	*v.*	depict

请把你学到的其他词语写在下面：

_____   _____   _____

第4单元

第1课

中文	拼音	词性	英文
自节目	jiémù	n.	program
不断	búduàn	adv.	constantly
专辑	zhuānjí	n.	album
作品	zuòpǐn	n.	works
人生	rénshēng	n.	life
转变	zhuǎnbiàn	v.	change
早晚	zǎowǎn	adv.	sooner or later
面对	miànduì	v.	face
作为	zuòwéi	prep.	as
口头禅	kǒutóuchán	n.	pet phrase
支持	zhīchí	v.	support
率	lǜ	n.	rate
选手	xuǎnshǒu	n.	contestant
偶像	ǒuxiàng	n.	idol
派	pài	n.	type
实力	shílì	n.	strength
积累	jīlěi	v.	accumulate
爹	diē	n.	father
无所谓	wúsuǒwèi	v.	doesn't matter
一夜成名	yí yè chéngmíng		become famous overnight
推动力	tuīdònglì	n.	driving force
心态	xīntài	n.	mentality
名气	míngqi	n.	fame
担忧	dānyōu	n.	worry
获得	huòdé	v.	achieve
最终	zuìzhōng	n.	in the end
成就	chéngjiù	n.	successful
优秀	yōuxiù	adj.	outstanding
一如既往	yì rú jì wǎng		always

请把你学到的其他词语写在下面：

_____ _____ _____ _____

第2课

中文	拼音	词性	英文
梦想	mèngxiǎng	n.	dream
谈论	tánlùn	v.	discuss
歌坛	gētán	n.	music scene
冉冉升起	rǎnrǎn shēngqǐ		rise
否认	fǒurèn	v.	deny
追逐	zhuīzhú	v.	pursue
焦点	jiāodiǎn	n.	focus
至今	zhìjīn	adv.	so far
前辈	qiánbèi	n.	senior
耗费	hàofèi	v.	consume
青春	qīngchūn	n.	youth
表格	biǎogé	n.	table
奋斗	fèndòu	v.	struggle
捧	pěng	v.	flatter
速度	sùdù	n.	speed
昙花一现	tánhuā yí xiàn		short-lived
光环	guānghuán	n.	aura
舞蹈	wǔdǎo	n.	dance
舞台	wǔtái	n.	stage
娱乐	yúlè	n.	entertainment
属于	shǔyú	n.	belong
或许	huòxǔ	adv.	perhaps

197

附录 Appendix

未来	wèilái	n.	future		曾经	céngjīng	adv.	once
回首	huíshǒu	v.	look back		实现	shíxiàn	v.	achieve

请把你学到的其他词语写在下面：

_____ _____ _____ _____

第5单元

第1课

宅	zhái	v.	stay		心中有数	xīn zhōng yǒu shù		be fully prepared
适应	shìyìng	adj.	suitable		昏天黑地	hūn tiān hēi dì		dizzy
综合	zōnghé	adj.	comprehensive		涨	zhàng	adj.	dizzy
倾诉	qīngsù	v.	talk		尽情	jìnqíng	adv.	
恐惧	kǒngjù	n.	fear					as much as one likes
即将	jíjiāng	adv.	soon		合理	hélǐ	adj.	reasonable
沉浸	chénjìn	v.	immerse		适当	shìdàng	adj.	appropriate
文件	wénjiàn	n.	document		体育	tǐyù	n.	sports
烦躁	fánzào	adj.	irritable		抽	chōu	v.	make (time)
调整	tiáozhěng	v.	adjust		家务	jiāwù	n.	housework
过渡	guòdù	n.	transition		腹	fù	n.	stomach
有效	yǒuxiào	adj.	effective		消化	xiāohuà	n.	digestion
现象	xiànxiàng	n.	phenomenon		不良	bùliáng	adj.	poor;bad
实现	shíxiàn	v.	achieve		清淡	qīngdàn	adj.	light
转换	zhuǎnhuàn	n.	conversion		促进	cùjìn	v.	promote; improve
利用	lìyòng	v.	use					

请把你学到的其他词语写在下面：

_____ _____ _____ _____

第2课

忙碌	mánglù	adj.	busy		操劳	cāoláo	v.	work hard
心声	xīnshēng	n.	voices		订	dìng	v.	book

198

亲自	qīnzì	adv.	personally		婚姻	hūnyīn	n.	marriage
动手	dòngshǒu	v.	work on		渴望	kěwàng	v.	long for
度过	dùguò	v.	spend		期待	qīdài	v.	look forward to
不管	bùguǎn	conj.	no matter		异国他乡	yìguó tāxiāng		foreign country
磕	kē	n.	tap		兴奋	xīngfèn	adj.	excited
手头	shǒutóu	adj.	in hand		刺激	cìjī	adj.	thrilled
定期	dìngqī	adv.	regularly		气氛	qìfēn	n.	atmosphere
应酬	yìngchou	n.	social occasion		冷清	lěngqing	adj.	deserted
固然	gùrán	conj.	of course		重大	zhòngdà	adj.	significant
年纪	niánjì	n.	age		狂欢	kuánghuān	n.	revel
肩	jiān	n.	shoulder		终生	zhōngshēng	n.	lifelong
担子	dànzi	n.	burden					
兴趣盎然	xìngqù àngrán		with immense interest					

请把你学到的其他词语写在下面：

第6单元

第1课

文学	wénxué	n.	lterature		忽视	hūshì	v.	ignore
备	bèi	adv.	ver much		危机	wēijī	n.	crisis
实体	shítǐ	n.	entity		显示	xiǎnshì	v.	show
局面	júmiàn	n.	situation		随机	suíjī	adj.	random
某	mǒu	pron.	some		采访	cǎifǎng	n.	interview
达	dá	v.	amount to		空闲	kòngxián	adj.	idle
消息	xiāoxi	n.	message		分析	fēnxī	v.	analyze
掀	xiān	v.	lift		因素	yīnsù	n	factor
空前	kōngqián	adj.	unprecedented		挤	jǐ	v.	squeeze
专题	zhuāntí	n.	topic		费	fèi	v.	waste
缺	quē	v.	lack		自觉	zìjué	adv.	consciously
榜	bǎng	n.	chart		主动	zhǔdòng	adj.	active
版	bǎn	n.	edition		行为	xíngwéi	n.	behavior

199

附录 Appendix

风气	fēngqì	n.	ethos	重新	chóngxīn	adv.	newly
圈	quān	n.	circle	体验	tǐyàn	v.	experience

请把你学到的其他词语写在下面：

_____   _____   _____   _____

第2课

变革	biàngé	v.	change	逐渐	zhújiàn	adv.	gradually
遥远	yáoyuǎn	adj.	far	相关	xiāngguān	adj.	related
盏	zhǎn	num.	a measure word for lamps	无暇	wúxiá	v.	have no time
				漫画	mànhuà	n.	comic book
台灯	táidēng	n.	lamp	依然	yīrán	adv.	still
伴	bàn	v.	accompany	携带	xiédài	v.	carry
卷	juàn	n.	book	笔记	bǐjì	n.	note
悄然	qiǎorán	adv.	quietly	集体	jítǐ	adj.	collective
快捷	kuàijié	n.	shortcut	社交	shèjiāo	adj.	social
获取	huòqǔ	v.	access	用处	yòngchu	n.	use
新潮	xīncháo	adj.	trendy	取代	qǔdài	v.	replace
质	zhì	n.	substance	途径	tújìng	n.	way

请把你学到的其他词语写在下面：

_____   _____   _____   _____

第7单元

第1课

王国	wángguó	n.	kingdom	怀念	huáiniàn	v.	miss
奢侈品	shēchǐpǐn	n.	luxury good	确实	quèshí	adv.	indeed
省	shěng	v.	save	世纪	shìjì	n.	century
拥有	yōngyǒu	v.	own	摩托车	mótuōchē	n.	motorbike
崭新	zhǎnxīn	adj.	brand-new	新宠	xīnchǒng	n.	nwe favorite

词语表 Glossary

老百姓	lǎobǎixìng	n.	the common people	空气	kōngqì	n.	air
家常便饭	jiācháng biànfàn		homely food	建设	jiànshè	n.	construction
私家车	sījiāchē	n.	private car	城铁	chéngtiě	n.	suburban railway
逐年	zhúnián	adv.	year after year	四通八达	sì tōng bā dá		extended in all directions
安	ān	v.	install	提倡	tíchàng	v.	encourage
车轮	chēlún	n.	wheel	尽量	jǐnliàng	adv.	as much as possible
规模	guīmó	n.	scale	使用	shǐyòng	v.	use
扩大	kuòdà	n.	expansion	堵塞	dǔsè	n.	(traffic) jam
拥挤	yōngjǐ	adj.	crowded				

请把你学到的其他词语写在下面：

_____ _____ _____ _____

第 2 课

族	zú	n.	group	明显	míngxiǎn	adj.	obvious
统计	tǒngjì	n.	statistics	尾气	wěiqì	n.	emission
数字	shùzì	n.	number	源	yuán	n.	source
数量	shùliàng	n.	quantity	持续	chíxù	v.	continue
超过	chāoguò	v.	surpass	必然	bìrán	adv.	inevitably
噪音	zàoyīn	n.	noise	导致	dǎozhì	v.	lead to
石油	shíyóu	n.	petrol	普及	pǔjí	v.	popularize
短缺	duǎnquē	n.	shortage	忍受	rěnshòu	v.	endure
引发	yǐnfā	v.	raise	效率	xiàolǜ	n.	efficiency
争论	zhēnglùn	n.	arguement	临时	línshí	adj.	temporary
是否	shìfǒu	adv.	whether	行业	hángyè	n.	industry
鼓励	gǔlì	v.	encourage	舒适	shūshì	adj.	comfortable
必须	bìxū	v.	must	结果	jiéguǒ	n.	consequence
限制	xiànzhì	v.	limit	意识	yìshí	n.	awareness

请把你学到的其他词语写在下面：

_____ _____ _____ _____

第8单元

第1课

翻天覆地	fān tiān fù dì		tremendous
拔地而起	bá dì ér qǐ		rise straght from the groud
私人	sīrén	adj.	private
日新月异	rì xīn yuè yì		changing day by day
标语	biāoyǔ	n.	slogan
广告	guǎnggào	n.	advertisement
改革开放	gǎigé kāifàng		Reform and Opening
内容	nèiróng	n.	content
丰富	fēngfù	adj.	abundant
集中	jízhōng	v.	focus on
电器	diànqì	n.	appliance
护肤品	hùfūpǐn	n.	skincare product
保健品	bǎojiànpǐn	n.	healthcare product
体现	tǐxiàn	v.	indicate
勿	wù	v.	do not
随地	suídì	adv.	anywhere
吐痰	tǔ tán	v.	spit
类	lèi	n.	type
政治性	zhèngzhìxìng	adj.	political
口号	kǒuhào	n.	slogan
中华人民共和国	Zhōnghuá Rénmín Gònghéguó		People's Republic of China
万岁	wànsuì	v.	long live
取而代之	qǔ ér dài zhī		replace
商业	shāngyè	n.	commerce
功能	gōngnéng	n.	function
提供	tígōng	v.	provide
以人为本	yǐ rén wéi běn	idiom.	people-oriented
人性化	rénxìnghuà	n.	hommization
亲切	qīnqiè	adj.	kind
与时俱进	yǔ shí jù jìn	idiom.	keep up with the times

请把你学到的其他词语写在下面:

_____ _____ _____

第2课

倘若	tǎngruò	adv.	if
夸张	kuāzhāng	v.	exaggerate
随手	suíshǒu	adv.	conveniently
车篮	chē lán	n.	bike basket
塞	sāi	v.	squeeze in
印刷品	yìnshuāpǐn	n.	printed materials
响动	xiǎngdong	n.	noise
熟人	shúrén	n.	acquaintance
搭车	dāchē	v.	get a ride
夹	jiā	v.	place in between
车座	chēzuò	n.	seat
充斥	chōngchì	v.	be full of
铺天盖地	pū tiān gài dì		overwhelming
提示	tíshì	v.	give hint
想必	xiǎngbì	adv.	presumably
香皂	xiāngzào	n.	soap

问世	wènshì	v.	be available in the market	美满	měimǎn	adj.	happy
宣传	xuānchuán	v.	propogate	伴侣	bànlǚ	n.	companion
餐巾纸	cānjīnzhǐ	n.	napkin	防盗门	fángdàomén	n.	(security/front) door
吸引	xīyǐn	v.	attract	精美	jīngměi	adj.	exquisite
征婚启事	zhēnghūn qǐshì		personals	积	jī	v.	accumulate
篇	piān	num.	a measure word for a piece of writing	出差	chūchāi	v.	be away on business
交代	jiāodài	v.	confess	破门而入	pò mén ér rù		break in
硬件	yìngjiàn	n.	hardware	纸张	zhǐzhāng	n.	paper
追求	zhuīqiú	v.	pursue	张贴	zhāngtiē	v.	put up; post
软件	ruǎnjiàn	n.	software	市容	shìróng	n.	appearance of a city
诱惑	yòuhuò	n.	temptation	置身	zhìshēn	v.	stay
				可恨	kěhèn	adj.	hateful

请把你学到的其他词语写在下面：

_____   _____   _____   _____

第9单元

第1课

受罪	shòuzuì	v.	suffer	竞争	jìngzhēng	n.	competition
学期	xuéqī	n.	semester	激烈	jīliè	adj.	intense
期末	qīmò	n.	end of semester	师兄	shīxiōng	n.	fellow student
申请	shēnqǐng	v.	apply for	耽误	dānwu	v.	delay
名牌	míngpái	adj.	prestigious	跨国公司	kuàguó gōngsī		multinational company
郁闷	yùmèn	adj.	depressing	付出	fùchū	v.	pay
发表	fābiǎo	v.	publish	事与愿违	shì yǔ yuàn wéi		things don't turn out the way you want
学术	xuéshù	adj.	academic	宗旨	zōngzhǐ	n.	aim
项目	xiàngmù	n.	program	脚踏实地	jiǎo tà shí dì		keep your feet on the ground
教授	jiàoshòu	n.	professor	期望值	qīwàngzhí	n.	expectations
简历	jiǎnlì	n.	resume	差距	chājù	n.	gap
经验	jīngyàn	n.	experience				
效果	xiàoguǒ	n.	effect				
就业	jiùyè	n.	employment				

203

附录 Appendix

贫困山区	pínkùn shānqū		poor mountain areas	志愿者	zhìyuànzhě	n.	volunteer
				聘用	pìnyòng	v.	employ

请把你学到的其他词语写在下面：

_____   _____   _____

第2课

无聊	wúliáo	adj.	bored	发泄	fāxiè	v.	unleash
烦闷	fánmèn	n.	boredom	精英	jīngyīng	n.	elite
舒畅	shūchàng	adj.	comfortable	导致	dǎozhì	v.	lead to
动力	dònglì	n.	motivation	约束	yuēshù	v.	constraint
目标	mùbiāo	n.	aim	反映	fǎnyìng	n.	reaction
人际关系	rénjì guānxi		interpersonal relationship	普遍	pǔbiàn	adj.	common
挫折	cuòzhé	n.	setback	天之骄子	tiān zhī jiāozǐ		the unusually lucky
恋爱	liàn'ài	n.	love	独立性	dúlìxìng	n.	independence
千奇百怪	qiān qí bǎi guài	idiom.	all kinds of strange things	认可	rènkě	v.	approve
				缓解	huǎnjiě	v.	ease
类型	lèixíng	n.	type	树立	shùlì	v.	adopt
调侃	tiáokǎn	v.	ridiculous				

请把你学到的其他词语写在下面：

_____   _____   _____

第10单元

第1课

吹	chuī	v.	break up	喜帖	xǐtiě	n.	wedding invitation
初恋	chūliàn	n.	first love	寂寞	jìmò	adj.	lonely
出双入对	chū shuāng rù duì	idiom.	go to places together as a couple	伤口	shāngkǒu	n.	wound
				撒盐	sǎ yán	v.	put salt
隔三差五	gé sān chā wǔ	idiom.	at intervals	彼此	bǐcǐ	pron.	the same to you

工资	gōngzī	n.	salary		大方	dàfang	adj.	generous
满月	mǎnyuè	n.	a baby's completion of its first month of life	温柔	wēnróu	adj.	tender
					过分	guòfèn	v.	too much
英俊	yīngjùn	adj.	handsome		物质	wùzhì	n.	material
潇洒	xiāosǎ	adj.	natural and unrestrained	月薪	yuèxīn	n.	monthly salary
					满足	mǎnzú	v.	satisfy
拿得出手	ná de chū shǒu		presentable		独立	dúlì	adj.	independent
文凭	wénpíng	n.	diploma		择偶	zé'ǒu	v.	choose a spouse
豪宅	háozhái	n.	luxury house		长相	zhǎngxiàng	n.	looks
单身	dānshēn	adj.	single		感受	gǎnshòu	n.	feeling
学历	xuélì	n.	qualification					

请把你学到的其他词语写在下面：

_____   _____   _____   _____

第 2 课

大约	dàyuē	adv.	about		调整	tiáozhěng	v.	adjust
贵族	guìzú	n.	nobleman		肯	kěn	v.	will
称号	chēnghào	n.	title		降低	jiàngdī	v.	reduce; lower
众矢之的	zhòng shǐ zhī dì	idiom.	target of public criticism	总结	zǒngjié	v.	summarize
					恨嫁	hèn jià		despercite to marry
关注	guānzhù	v.	pay close attention to	多样化	duōyànghuà	n.	diversification
					依靠	yīkào	v.	rely on
究竟	jiūjìng	adv.	exactly		智慧	zhìhuì	n.	wisdom
访谈	fǎngtán	n.	interview		赢得	yíngde	v.	win
内心	nèixīn	n.	inner self		称谓	chēngwèi	n.	title
面临	miànlín	v.	face		过时	guòshí	adj.	out of date
困境	kùnjìng	n.	trouble		乏味	fáwèi	adj.	boring
受访者	shòufǎngzhě	n.	interviewee		轻快	qīngkuài	adj.	easy
反馈	fǎnkuì	v.	feedback		从容	cóngróng	adj.	calm

请把你学到的其他词语写在下面：

_____   _____   _____   _____

附录 Appendix

第11单元

第1课

手术	shǒushù	n.	operation	顺利	shùnlì	adj.	smoothly
整容	zhěngróng	v.	cosmetic surgery	忍受	rěnshòu	v.	endure
打扮	dǎban	v.	dress up	超级	chāojí	adj.	super
修整	xiūzhěng	v.	repair and maintain	形象	xíngxiàng	n.	image
外表	wàibiǎo	n.	appearance	频繁	pínfán	adv.	frequently
精神	jīngshen	n.	spirit	人造	rénzào	adj.	artificial
痛苦	tòngkǔ	n.	pain	在意	zàiyì	v.	care
医疗	yīliáo	n.	medical treatment	称呼	chēnghu	n.	name
劲儿	jìnr	n.	vigor	美容	měiróng	n.	beauty treatment
害怕	hàipà	v.	be afraid	隐私	yǐnsī	n.	privacy
持续	chíxù	v.	continue	遮遮掩掩	zhēzhē yǎnyǎn	v.	hide
麻药	máyào	n.	anesthetic	周围	zhōuwéi	n.	surrounding
痛觉	tòngjué	n.	pain	心灵	xīnlíng	n.	spirit

请把你学到的其他词语写在下面：

_____   _____   _____

第2课

双胞胎	shuāngbāotāi	n.	twin	出版	chūbǎn	v.	publish
形影不离	xíng yǐng bù lí		inseperable	封面	fēngmiàn	n.	front cover
开幕	kāimù	n.	opening	特殊	tèshū	adj.	special
大使	dàshǐ	n.	ambassador	替代	tìdài	v.	replace
车展	chēzhǎn	n.	automotive exhibition	形象大使	xíngxiàng dàshǐ	n.	image representative
车模	chēmó	n.	(motor show) model	层出不穷	céng chū bù qióng		come out one after the other
收益	shōuyì	n.	income	举办	jǔbàn	v.	hold
代言人	dàiyánrén	n.	spokesperson	知名度	zhīmíngdù	n.	recognition
促销	cùxiāo	v.	promote	成千上万	chéng qiān shàng wàn		numerous
订单	dìngdān	n.	order	观光	guānguāng	n.	sightseeing

词语表 Glossary

可观	kěguān	*adj.*	considerable	过度	guòdù	*adj.*	excessive
奖金	jiǎngjīn	*n.*	prize money	以貌取人	yǐ mào qǔ rén		judging people by appearance
投资	tóuzī	*n.*	investment	社会学家	shèhuì xuéjiā	*n.*	sociologist
收视率	shōushìlǜ	*n.*	audience rating	喜好	xǐhào	*n.*	preference
忽略	hūlüè	*v.*	ignore				

请把你学到的其他词语写在下面:

_____   _____   _____   _____

第12单元

第1课

年终	niánzhōng	*n.*	end of a year	报道	bàodào	*n.*	report
名牌	míngpái	*n.*	famous brand	得不偿失	dé bù cháng shī	*idiom.*	do more harm than good
时髦	shímáo	*adj.*	fashionable				
品位	pǐnwèi	*n.*	taste	极端	jíduān	*adj.*	extreme
质量	zhìliàng	*n.*	quality	偶尔	ǒu'ěr	*adv.*	occasionally
同类	tónglèi	*n.*	similar	奢侈品	shēchǐpǐn	*n.*	luxury goods
样式	yàngshì	*n.*	style	农村	nóngcūn	*n.*	countryside
引人注目	yǐn rén zhù mù	*idiom.*	striking	衡量	héngliáng	*v.*	measure
崇尚	chóngshàng	*v.*	advocate	有限	yǒuxiàn	*adj.*	limited
目光	mùguāng	*n.*	sight	脏	zāng	*adj.*	dirty
承受	chéngshòu	*v.*	afford	淋	lín	*v.*	drench
范围	fànwéi	*n.*	range	保养	bǎoyǎng	*v.*	maintain
攀比	pānbǐ	*v.*	compare				

请把你学到的其他词语写在下面:

_____   _____   _____   _____

第2课

品牌	pǐnpái	*n.*	brand	形成	xíngchéng	*v.*	take shape
品质	pǐnzhì	*n.*	quality	面子	miànzi	*n.*	face

207

附录 Appendix

物有所值	wù yǒu suǒ zhí		value for money	以假乱真	yǐ jiǎ luàn zhēn		deceived
售后	shòuhòu	n.	after-sales	相对	xiāngduì	adv.	relatively
专卖店	zhuānmàidiàn	n.	brand store	负面	fùmiàn	adj.	negative
更换	gēnghuàn	v.	replace	精力	jīnglì	n.	effort
情感	qínggǎn	n.	feeling	广大	guǎngdà	adj.	vast
初次	chūcì	n.	initial	图	tú	v.	pursue
昂贵	ánguì	adj.	expensive	一时	yìshí	adj.	temporary

把你学到的下在下面：

_____   _____   _____   _____

答案
Answers

第1单元

第二课

6. 在课文中找出与下列句中画线部分意思相近的词语
   1. 隔离　　2. 之前　　3. 焦虑　　4. 几乎　　5. 患

第2单元

第二课

6. 在课文中找出与下列句中画线部分意思相近的词语
   1. 创办　　2. 收留　　3. 心血　　4. 日子　　5. 依偎

第3单元

第一课

6. 根据对话，把下列内容用线连接起来
   开门红——生意兴隆
   红火——表示办事非常顺利
   红颜知己——漂亮的女性朋友
   红娘——帮助别人介绍对象的人
   脸红——表示不好意思、害羞
   红人——受到领导的喜爱和重视
   亮红灯——学习、生活中遇到了问题和困难
   红包——过年过节时得到的钱
   眼红——妒忌别人有了好的东西

第二课

6. 根据课文，把下列内容用线连接起来
   黄榜——帝王下发的通知
   白痴——智商不高的人
   黑帮——非法组织
   黑店——从事非法买卖的商店
   清白——没有做过坏事
   绿色食品——没有污染的、健康的食品
   白眼狼——没有良心的人
   黑钱——非法得来的钱
   黑货——被国家禁止买卖的货物
   金殿——帝王办公的地方

209

附录 Appendix

第4单元

第二课

6. 在课文中找出与下列句中画线部分意思相近的词语
   1. 谈论　　2. 否认　　3. 至今　　4. 耗费　　5. 或许

第5单元

第二课

6. 在课文中找出与下列句中画线部分意思相近的词语
   1. 亲自　　2. 不管　　3. 定期　　4. 担子　　5. 终生

第6单元

第二课

6. 在课文中找出与下列句中画线部分意思相近的词语
   1. 似乎　　2. 快捷　　3. 逐渐　　4. 依然　　5. 取代

第7单元

第二课

6. 在课文中找出与下列句中画线部分意思相近的词语
   1. 逐年　　2. 持续　　3. 必然　　4. 普及　　5. 临时

第8单元

第二课

6. 根据课文，把下列内容用线连接起来
   1. 民以食为天——吃饭是每个人生活中最重要的事
   2. 顾名思义——看到名字就能想到它的意思
   3. "硬件"——征婚时，身高、年龄等必须交代的条件
   4. "软件"——兴趣爱好、性格之类的特点
   5. 及时雨——表示在最需要的时候得到的帮助
   6. 铺天盖地——一下子到处都是

第10单元

第二课

6. 根据课文，把下列内容用线连接起来
   单身贵族——没结婚、没有子女、又富有的人
   高富帅——身材高大、有经济实力并且长得帅的男人
   海归——有在国外学习、工作经验的回国人员
   众矢之的——比喻大家攻击的对象
   恨嫁——非常想嫁人，希望早点儿结婚
   焦点——讨论问题时的关键和重点
   受访者——接受访问的人

第11单元

第二课

6. 根据课文，把下列内容用线连接起来
   人造美女——通过整容手术变得漂亮的女性
   多赢——带来很多好处
   形影不离——关系非常紧密，经常在一起
   层出不穷——事物不断出现
   以貌取人——根据外貌来判断别人的能力
   遮遮掩掩——隐瞒真实的情况，不让别人知道

第12单元

第一课

6. 根据对话，选择正确答案
   1. C 2. B 3. D 4. C

第二课

6. 在课文中找出与下列句中画线部分意思相近的词语
   1. 热衷于 2. 负面 3. 不外乎 4. 以假乱真 5. 一时

郑重声明

高等教育出版社依法对本书享有专有出版权。任何未经许可的复制、销售行为均违反《中华人民共和国著作权法》，其行为人将承担相应的民事责任和行政责任；构成犯罪的，将被依法追究刑事责任。为了维护市场秩序，保护读者的合法权益，避免读者误用盗版书造成不良后果，我社将配合行政执法部门和司法机关对违法犯罪的单位和个人进行严厉打击。社会各界人士如发现上述侵权行为，希望及时举报，本社将奖励举报有功人员。

反盗版举报电话　　（010）58581999　58582371　58582488
反盗版举报传真　　（010）82086060
反盗版举报邮箱　　dd@hep.com.cn
通信地址　　北京市西城区德外大街4号
　　　　　　高等教育出版社法律事务与版权管理部
邮政编码　　100120